INTRODUCTION

À LA

BIBLIOGRAPHIE DE BELGIQUE

RELEVÉ DE TOUS LES ÉCRITS PÉRIODIQUES

QUI SE PUBLIENT DANS LE ROYAUME

PAR LES SOCIÉTÉS SAVANTES, LES ADMINISTRATIONS PUBLIQUES,
LES ASSOCIATIONS ET LES PARTICULIERS

DRESSÉ PAR LES SOINS DE LA

SECTION LITTÉRAIRE DE LA COMMISSION DES ÉCHANGES INTERNATIONAUX

BRUXELLES,
H. MANCEAUX, LIBRAIRE-ÉDITEUR,
IMPRIMEUR DE L'ACADÉMIE ROYALE DE MÉDECINE DE BELGIQUE,
Rue des Trois-Têtes, 12.

1877

BIBLIOGRAPHIE DE BELGIQUE.

Académies, Sociétés, etc.

ACADÉMIE ROYALE DES SCIENCES, DES LETTRES ET DES BEAUX-ARTS DE BELGIQUE.

—

Érigée par lettres patentes de Marie-Thérèse, en date du 16 décembre 1772, sous le nom d'*Académie impériale et royale des sciences et belles-lettres de Bruxelles*, cette Compagnie savante, après une suspension de seize années, produite par la situation politique du pays, fut rétablie par arrêté du roi Guillaume Ier, du 7 mai 1816, sous la dénomination d'*Académie royale des sciences et belles-lettres de Bruxelles* et, finalement, réorganisée par un arrêté du roi Léopold Ier, du 1er décembre 1845, arrêté pris sur la proposition de Sylvain Van de Weyer, alors Ministre de l'Intérieur. Depuis cette époque, elle porte le titre d'*Académie royale des sciences, des lettres et des beaux-arts de Belgique*.

L'Académie est divisée en trois classes : celle des sciences, celle des lettres et celle des beaux-arts.

La classe des sciences est divisée en deux sections, savoir : la section des sciences mathématiques et physiques, et la section des sciences naturelles.

La classe des lettres est également partagée en deux sections : celle d'histoire et des lettres, et celle des sciences politiques et morales. Le première comprend l'histoire nationale, l'histoire générale, l'archéologie, les langues anciennes et les littératures française et flamande; la seconde comprend les sciences philosophiques, la législation, la statistique et l'économie politique.

La classe des beaux-arts comprend les subdivisions suivantes : la peinture, la sculpture, la gravure, l'architecture, la musique, la science et les lettres dans leurs rapports avec les beaux-arts.

Chaque classe est composée de trente membres et peut compter en outre cinquante associés étrangers et dix correspondants régnicoles au plus.

Les nominations aux places sont faites par chacune des classes où les places viennent à vaquer. Pour devenir membre, il faut être belge ou naturalisé belge, d'un caractère honorable et auteur d'un ouvrage important relatif aux travaux de la classe. Chaque classe peut choisir le sixième de ses membres parmi les membres des autres classes. Les nominations des membres sont soumises à l'approbation du Roi.

Chaque classe nomme son directeur annuel, qui n'est pas immédiatement rééligible. Le Roi nomme, pour la présidence annuelle, un des trois directeurs.

Le secrétaire perpétuel de l'Académie appartient aux trois classes et il est élu par elles au scrutin et à la majorité absolue. La nomination est soumise au Roi. C'est le secrétaire perpétuel qui tient la correspondance de l'Académie dont il est l'organe et l'interprète.

Les publications de la Compagnie sont les suivantes :

1) Mémoires des membres, des associés, des correspondants;

2) Mémoires couronnés et mémoires des savants étrangers;

3) Bulletins des séances;

4) Annuaire de l'Académie.

L'Académie compte dans son sein quatre Commissions spéciales, savoir : la Commission royale d'histoire, la Commission pour la publication des monuments de la littérature flamande, la Commission pour la publication d'une collection des œuvres des grands écrivains du pays, la Commission pour la publication d'une biographie nationale.

1) La *Commission royale d'histoire*, créée par arrêté royal du 22 juillet 1834, comme corps indépendant, a été rattachée à l'Académie par arrêté royal du 1er décembre 1845. Elle se compose de sept membres nommés par le Roi et s'assemble régulièrement à Bruxelles, quatre fois l'an. Il est publié un compte-rendu ou *Bulletin* de ses séances.

2) La *Commission pour la publication des monuments de la littérature flamande* a été instituée au vœu de l'arrêté royal du 1er décembre 1845. Elle est composée de cinq membres.

3) La *Commission pour la publication d'une collection des œuvres des grands écrivains du pays*, instituée également en exécution de l'arrêté du 1er décembre 1845, compte aussi cinq membres.

4) La *Commission pour la publication d'une biographie nationale* a été créée par arrêté ministériel du 29 mai 1860 et se compose de quinze membres élus, en nombre égal de cinq, par chacune des trois classes de l'Académie.

Les publications de l'Académie royale ont une telle importance que l'on a cru devoir donner à leur nomenclature un développement exceptionnel. Ainsi, pour les premiers temps surtout, on ne s'est pas borné aux écrits officiels, on y a ajouté plusieurs travaux qui se rattachent par quelque point à l'histoire de cette institution.

L'ancienne Académie ne se chargeait pas de l'impression des mémoires couronnés : elle laissait ce soin aux auteurs eux-mêmes. Il existe de nombreux recueils, plus ou moins complets de ces mémoires. Nous en donnons ici une nomenclature qui doit comprendre, à peu de chose près, tous les travaux qui ont obtenu des distinctions ou qui ont concouru. Nous les divisons en deux séries, 5 volumes in-4° et 15 volumes in-8°.

Mémoires de l'académie de bruxelles : Bruxelles, 1777, tome Ier, in-4°, frontispice, première édition.

Mémoires de l'académie impériale et royale : Bruxelles, 1780-88, 5 volumes in-4°, figures.

Le tome V est devenu très-rare.

MÉMOIRES COURONNÉS.
Série in-4°.

a) Prix de 1769-1773.

1, 2, 3 Des Roches, Caussin et de Hesdin. *Sur les villes avant le* VIIe *siècle.* Imprimerie royale, 1770, 112 pages et tabl.

4 Le Paige. *Nouveau système du premier établissement des Francs.* Gand, 1770, 44 pages.

5 Des Roches. *Sur les limites des dix-sept provinces des Pays-Bas, du* VIIe *au* IXe *siècle.* Imprimerie royale, 1771, 62 pages.

6 Des Roches. *Sur l'état civil et ecclésiastique des Pays-Bas.* Bruxelles, A. D'Ours, 1772, 68 pages.

7 De Beunie. *Over de profytelykste planten.* Bruxelles, A. D'Ours, 1772, 70 pages.

8 Du Rondeau. *Quelles sont les plantes les plus utiles des Pays-Bas. Ibid.,* 1772, 18 pages.

9 De Beunie. *Over het verwen van vlas-gaeren. Ibid.,* 1772, 30 pages.

10 Du Rondeau. *Sur l'habillement, le langage et l'état de la Belgique avant le* VIIe *siècle. Ibid.,* 1774, in-4°, 189 pages.

11 Du Rondeau. *Le même Mémoire,* en flamand. *Ibid.,* 1774, 143 pages.

12 Dujardin. *Même sujet,* en latin, *Ibid.,* 1774, in-4°, 58 pages.

13 Caels. *De Belgii plantis. Ibid.,* 1774, 66 pages et index.

b) Prix de 1774-1776. Bruxelles, de Boubers, imprimerie de l'Académie, 1775-1777.

1 De Coster. *Van het gebruyk der afsluytsels,* 77 pages.

2 Hinckmann. *Sur la pratique des enclos,* 84 pages.

3 De Launay. *Même sujet,* 30 pages.

4 Heylen. *Commentarius præcipuos Belgicæ hodiernæ fluvios breviter describens,* 103 pages.

5 Foullé. *Sur la laine des moutons,* 52 pages.

6 Norton. *Même sujet,* 14 pages.

7 Pluvier. *Denkbeeld der veranderingen,* 32 pages.

8 Des Roches. *Traduction du précédent,* 30 pages.

9 Heylen. *Cujus juris scripti usus obtinuerit,* 71 pages.

10 D'Hoop. *Welk is het geschreven regt,* 80 pages.

Prix de 1777. Imprimerie académique, 1778.

11 Verhoeven. *Van den staet der handwerken en koophandel,* 181 pages.

12 Des Roches. *Analyse du Mémoire précédent,* 20 pages.

13 Norton. *Sur l'emploi des bœufs,* 32 pages.

14 Foullé. *Sur les terres trop humides,* 32 pages.

15 Norton. *Même sujet,* en flamand, 24 pages.

16 *Extrait d'un Mémoire anonyme sur la même question,* lequel obtint un accessit, 75 pages.

c) Prix de 1778. Imprimerie académique, 1779.

1 Chasteler. *Sur les émigrations belges,* 101 pages.

2 De Mersseman. *Même sujet,* 24 pages.

3 Méan. *Même sujet,* 68 pages.

4 D'Hoop. *Extrait de son Mémoire sur le même sujet,* 16 pages.

5 Verhoeven. *Même sujet,* en flamand. Brussel, Ermens, 1780, 363 pages.

Prix de 1779. Imprimerie académique, 1780.

6 Zeghers. *Sur l'éducation des abeilles,* 55 pages.

7 Norton. *Même sujet*, 38 pages.

8 *Extrait d'un mémoire anonyme, sur le même sujet*, 56 pages.

9 Verhoeven. *Over de soorten van visschen*. Mechelen, Hanicq.

   d) Prix de 1780-1783, imp. acad. 1783-1784.

1 De Berg. *De l'introduction du droit romain*, de 24 et 215 pages et tableaux.

2 Heylen. *Même sujet*, en latin, 56 pages.

3 Hettema. *Même sujet*, en latin, 23 pages.

4 D'Outrepont. *Même sujet*, 38 pages.

5 Verhoeven. *Même sujet*, en flamand, 62 pages.

6 Seghers. *Extrait de son mémoire flamand sur les arbres et plantes étrangères qu'on pourrait naturaliser*, 15 pages.

7 De Badts. *Extrait de son mémoire flamand sur la même question*, 20 pages.

8 Heylen. *Quo circiter tempore ecclesiastici cœperint esse membrum ordinum seu statuum Brabantiœ*, 78 pages.

9 Ernst. *Même sujet*, en français, 177 pages et table.

10 Engels. *Même sujet*, 21 pages.

11 Burtin. *Sur les végétaux indigènes qu'on pourrait substituer aux végétaux exotiques*, 187 pages et 3 pages d'errata.

12 (Ernst.) *Obervations sur la prétendue époque de l'admission des ecclésiastiques aux États de Brabant*. Maestricht, 1787, 72 pages et 3 pages d'errata.

   e) Prix de 1784, 1785, 1786.

1 C. Smet. *Quo jure Hermannus, maritus comitissœ Richildis, comes Hanoniœ fuerit, suone an jure uxoris*. Brux. typ. acad., 1785, 52 pages.

2 Prévinaire. *Sur les enterremens précipités*. Brux., Flon, 1787, 232 pages.

3 *Rapport sur le mémoire précédent*. Sans titre, de 62 pages. Prix de 1787-1788. Brux., impr. acad. 1788.

4 Prévinaire. *Mémoire sur la même question*, de 55 pages.

5 Wauters. *Même sujet*, en latin, de 38 pages.

6 Stappaerts. *Même sujet*, en latin, 51 pages.

7 Coppens. *Sur les nouvelles branches de manufactures et de commerce,* 54 pages.

8 F. Lammens. *Même sujet,* 24 pages.

9 Heylen. *Sur les monnaies,* en flam., de VIII, 128 et VI pages.

10 Wauters. *Sur les végétaux indigènes propres à fournir des huiles* (flamand), de 40 pages.

11 Van den Sande. *Même sujet,* en français, 1788, 46 pages.

Série in-8°.

1 M. Retz. *Météorologie appliquée à la médecine et à l'agriculture* (prix de 1778). Paris, 1779.

2 O'Sullivan. *Éloge de Viglius* (prix de 1780). Brux., 1781.

3 Lesbroussart. *Éloge de Viglius.* Gand, 1781.

4 Dewez. *Éloge de Viglius.* Nivelles, 1790.

5 De La Haye. *Éloge du même.* Bruxelles, 1781.

6 Raoux. *Éloge du même.* Bruxelles, 1787.

7 Lesbroussart. *Éloge du prince Charles Alexandre de Lorraine.* Brux., 1781.

8 Van Baveghem. *Over de ontaarding der aerdappelen* (prix de 1781). Dordrecht, 1782.

9 Lesbroussart. *Éloge de Jean de Carondelet.* Liége et Brux., 1786.

10 Mlle Murray. *Éloge du même.* Brux., 1786.

11 Ernst. *Histoire abrégée du tiers-état de Brabant...* Maestricht, 1788.

12 Ernst. *Ordines apud Brabantos ejusdem cum eorum principibus esse aetatis.* Maestricht, 1788.

13 Vanden Sande. *Mémoire sur les vers qui produisent des hannetons...* Bruxelles, 1792.

14 Amand. *Mémoire sur les différends entre Jean et Baudouin d'Avesnes et Marguerite de Constantinople.* Maestricht, 1794.

15 Wauters. *Dissertatio botanico-medica de quibusdam plantis Belgicis in locum exoticarum sufficiendis.* Gand, 1785.

Wauters. *Epitome dissertat. coronatæ celeberr. D. Burtin.* Gand, 1785.

Mémoires non couronnés (offerts ou lus à l'Académie de Bruxelles).

1 Van Bochaute. *Nouvelle nomenclature chymique*, tirée du grec. Bruxelles, 1788, 1 volume in-8°.

2 *Réponse de l'ancien des bollandistes C. de Bye au mémoire de M. des Roches, touchant le testament de S. Remi.* Bruxelles, 1780. — *Lettre du secrétaire de l'Académie à M. C. de Bye, au sujet de sa réponse.* Ibid., 1780. — — *Replique de C. de Bye*, 1781, en 1 vol. in-8°.

3 Du Chasteler. *Mémoire et lettres sur l'étude de la langue grecque.* Bruxelles, 1781, p. in-8°.

4 Lesbroussart. *Réflexions sur le caractère qu'ont développé les Belges en 1792 et en 1793...* Bruxelles, Lemaire, in-4°.

5 L'abbé de Witry. *Recueil des divers mémoires lus à l'Académie de Bruxelles et quelques autres pièces.* Tournay, Varlé, 1789, in-8°.

6 De Launay. *Taités sur l'histoire naturelle et la minéralogie.* Londres, 1780, in-12.
(Extraits des tomes II et III des *Mém.*)

7 L'abbé Mann. *Mémoires sur les grandes gelées et leurs effets.* Gand, 1792, in-8°.

8 De Gallitzin. *Traité ou description des minéraux.* Maestricht. 1792, in-4°.

9 De Gallitzin. *Le même ouvrage.* Helmstedt, 1796, p. in-4°.

10 Roucel. *Traité des plantes les moins fréquentes des environs de Gand, d'Alost, etc.* Paris, 1792, in-8°.

11 *Les genres sexuels des plantes, établis par Linné et mis à la portée de tout le monde* (par de Launay). Brux., 1791, in-8°.

MÉMOIRES INÉDITS.

Outre ces mémoires imprimés, il existe un certain nombre de MÉMOIRES INÉDITS, présentés ou lus à l'ancienne académie. Nous donnons ici la liste de ceux dont nous avons connaissance. Voyez sur ce sujet, *Annuaire de la bibliothèque royale*, 1840, p. 155 et 1841, p. 225.

L'abbé Mann. *Mémoire sur les rivières et canaux en général et sur ceux de la Flandre en particulier.* 1774. — Id. *Mémoire sur les loix de mouvement des fleuves.* 1774. — Id. *De linguarum eruditarum necessaria cognitione, etc.* 1774. — Paquot. *Discours sur les langues anciennes et modernes.* 1770. — Desroches. *Dissertat. sur l'histoire diplomat. du Brabant de Pierre van der Heyden ou Thymo.* 1777. — De Nélis. *Mémoire sur l'ancien Brabant.* 1773. — De Nélis. *Mémoire sur les écoles et sur les études d'humanité aux Pays-Bas.* 1774. — De Nélis. *Mémoire sur quelques abus anciens.* — De Nélis. *Sur différents auteurs qui ont écrit les voyages de Philippe-le-Beau et de Charles-Quint.* — De Nélis. *Rapport d'un mémoire du marq. de Chasteler sur Philippe de Clèves.* 1782. — De Nélis. *Rapport sur un mémoire apologétique du comte de Fraula.* 1782. — Lesbroussart. *Dissertation sur une chronique de Lambert d'Afschaffenbourg, relative à Robert-le-Frison.* 1792. — Lesbroussart. *Description du monument d'Igel dans le duché de Luxembourg,* trad. du latin du Père Wiltheim, 1792. — *Notitia manuscriptorum ad historiam Belgicæ Austriacæ pertinentium, cui palman detulit Acad. Bruxellens,* 1781 (auth. M. d'Hoop). Mémoire couronné, mais qui n'a pas été imprimé. — Ch. Van Hulthem. *Welke waeren de landstreeken van Oud-Vlaenderen waervan Baudewyn bygenaemd den Yzeren (arm) graef was, hoeveel jaeren heeft hyt geweest* (sic) *en welkdaenig was zyne magt...* Mémoire qui obtint le premier accessit en 1793, et non publié.

PUBLICATIONS DE L'ACADÉMIE ROYALE
DEPUIS SON RÉTABLISSEMENT EN 1816 JUSQU'A CE JOUR.

NOUVEAUX MÉMOIRES DE L'ACADÉMIE ROYALE DES SCIENCES ET BELLES-LETTRES. Bruxelles, 1820-1874, tomes I à XL, in-4°.

MÉMOIRES COURONNÉS ET MÉMOIRES DES SAVANTS ÉTRANGERS, publiés par l'Académie. Collection in-4°. Bruxelles, 1818-1874. Tomes I à XXXVIII.

MÉMOIRES COURONNÉS ET MÉMOIRES DES SAVANTS ÉTRANGERS, publiés par l'Académie. Collection in-8°. Bruxelles, 1840-1874, tomes I à XXIII.

Hoverlant de Beauwelaere. *Mémoire sur l'état de la servitude au royaume des Pays-Bas.* Courtrai, 1819, 2 volumes, in-8°. Mémoire couronné, imprimé aux frais de l'auteur.

J. H. Hœufft. *Parnassus Latino-Belgicus.* Amstelaed., 1819, in-8°. Dédié à l'Académie de Bruxelles.

Mémoire sur une médaille en l'honneur de Louis-le-Débonnaire, présenté à l'Académie, par E. Carmoly (1834), in-8°.

Notices et extraits des manuscrits de la bibliothèque de Bourgogne, relatifs aux Pays-Bas. Tome Ier, par le baron de Reiffenberg. Bruxelles, Hayez, 1829, in-4°.

La continuation de ces notices a été insérée aux *Mémoires* et aux *Bulletins de l'Académie.*

Bulletins *de l'Académie royale de Bruxelles.* 1re série, 1832-1856, 23 tomes en 43 volumes. — 2e série, 1857-1874, 37 volumes, in-8°. Bruxelles, Hayez.

Tables générales et analytique du Recueil des Bulletins, etc., 1re série, tomes I à XXIII, 1832-1856, 1 volume in-8°.

Ibid., 2e série, tomes I à XX, 1857-1860, in-8°.

Annuaire *de l'Académie royale de Bruxelles.* 1835-1874, année I à XL, in-12 et petit in-8°.

Histoire et bibliographie analytique de l'Académie royale de Belgique, par J. P. Namur. Bruxelles, Parent, 1852, grand in-8°.

Bibliographie académique, ou liste des ouvrages publiés par les membres, correspondants et associés résidents. Bruxelles, 1855, in-12.

Centième centenaire de fondation (1772-1872). Bruxelles, 1872, 2 volumes grand in-8°.

Catalogue de la bibliothèque de l'Académie royale de Bruxelles. Bruxelles, Hayez, in-12.

Catalogue de la bibliothèque du baron de Stassart. Bruxelles, 1863, in-8°.

PUBLICATIONS DE LA COMMISSION ROYALE D'HISTOIRE.

In-4°.

Rymkronyk van Jan Van Heelu, uitgegeven met ophelderingen en aenteekeningen van J. F. Willems; 1836.

Chronique rimée de Philippe Mouskés, publiée par le baron de Reiffenberg : tome Ier, 1836; tome II, 1838; *Supplément,* 1845.

Corpus Chronicorum Flandriae, edidit J. J. De Smet, cathédr. S. Bavoni canon. : tome Ier, 1837; tome II, 1841; tome III, 1856; tome IV, 1865.

Brabantsche Yeesten of Rymkronyk van Braband, door Jan De Klerk, van Antwerpen, uitgegeven door J. F. Willems : tome Ier, 1839; tome II, 1843; tome III (par M. Bormans), 1869.

Monuments pour servir à l'histoire des provinces de Namur, de Hainaut et de Luxembourg. (Les tomes I, IV, V, VII, et VIII ont été publiés par le baron de Reiffenberg.)

Tome Ier. — *Chartes de Namur et de Hainaut;* 1844.

Tome II. — *Cartulaire de Cambron,* publié par J. J. De Smet : 1re et 2e partie, 1869.

Tome III. — *Cartulaire du Hainaut,* par De Villers, 1874.

Tome IV et V. — *Le Chevalier au Cygne et Godefroid de Bouillon;* 1846 et 1848.

Tome VI. — 1re partie : *Suite du Chevalier au Cygne et Godefroid de Bouillon* (publiée par M. Borgnet), 1854; 2e partie : *Glossaire,* par MM. Em. Gachet et Liebrecht; 1859.

Tome VII. — *Gilles de Chin,* poëme; *Chroniques monastiques;* 1847.

Tome VIII. — *Autres Chroniques monastiques du Namurois et du Hainaut;* 1848.

Documents relatifs aux troubles de Liége, sous les princes-évêques Louis de Bourbon et Jean de Hornes, publiés par le chanoine de Ram; 1844.

Relation des troubles de Gand, sous Charles-Quint, suivie de 330 documents inédits sur cet événement; publiée par M. Gachard; 1846.

Chronique de Brabant, par de Dynter, avec la traduction de Wauquelin, publiée par M. de Ram : tome I⁰ʳ, parties 1 et 2, 1854 et 1860; tome II, 1854; tome III, 1857.

Joannis Molani historiae Lovaniensium libri XIV; publiés par M. de Ram : parties 1 et 2; 1861.

Chronique de Jean de Stavelot, publiée par M. Borgnet; 1861.

Chronique de Jean d'Outremeuse, publiée par M. Borgnet : tome I, 1864; tome II, 1869; tome V, 1867. Tome III, 1874.

Table chronologique des chartes et diplômes imprimés concernant l'histoire de la Belgique; par M. Alph. Wauters : tome I, 1866; tome II, 1868; tome III, 1871. Tome IV, 1874.

Chroniques relatives à l'histoire de la Belgique, sous les ducs de Bourgogne, publiées par M. le baron Kervyn de Lettenhove : tome I⁰ʳ, 1870; tome II, 1873.

Cartulaire de l'abbaye de Saint-Trond, publié par M. Ch. Piot : t. I, 1870.

Collection des voyages des souverains des Pays-Bas, publiée par M. Gachard. Tome II, 1873.

In-8°.

Compte rendu des séances de la Commission royale d'histoire ou *Recueil des ses Bulletins :* 1ʳᵉ série, 16 volumes, 1834-1850; 2ᵉ série, 12 volumes, 1850-1859; 3ᵉ série, 14 volumes, 1859-1872.

Table générale des Bulletins (1ʳᵉ série, tome I à XVI), rédigée par Em. Gachet, 1852; — (2ᵉ série, tome I à XII), rédigée par M. Ern. Van Bruyssel, 1865.

Retraite et mort de Charles-Quint au monastère de Yuste. Lettres inédites publiées par M. Gachard : introduction, 1854; tome I⁰ʳ, 1854; tome II, 1855.

Relations des ambassadeurs vénitiens sur Charles-Quint et Philippe II, par M. Gachard; 1855.

Synopsis actorum ecclesiae Antverpiensis, par M. de Ram; 1856.

Revue des Opera Diplomatica de Miraeus, par M. Le Glay; 1856.

Correspondance de Charles-Quint et d'Adrien VI, publiée, pour la première fois, par M. Gachard; 1859.

Actes des états généraux des Pays-Bas, 1576-1585. *Notice chronologique et analytique*, par M. Gachard : tome I, 1861 ; tome II, 1866.

Don Carlos et Philippe II, par M. Gachard ; tomes I et II, 1863.

Le Livre des feudataires du duc Jean III, par M. L. Galesloot, 1865.

Table générale chronologique et analytique des chartes, lettres, ordonnances, traités et autres documents contenus dans les 1re, 2e et 3e séries des *Bulletins de la Commission d'histoire*, par J. J. E. Proost. Bruxelles, 1874.

COMMISSION CHARGÉE DE LA PUBLICATION DES ANCIENS MONUMENTS DE LA LITTÉRATURE FLAMANDE.

Der Naturen Bloeme van Jacob van Maerlant, door J. H. Bormans. Brussel, 1857, tome Ier, in-8°.

Rymbybel van Jacob van Maerlant, door J. David. Brussel, 1858-1859, 3 volume in-8.

Alexanders geesten van Jacob van Maerlant, door F. A. Snellaert. Brussel, 1860-1861, 2 volumes in-8°.

Nederlansche gedichten uit de veertiende eeuw van Jan Boendale, Hein van Aken en anderen, door J. A. Snellaert. Brussel, 1869, 1 volume in-8°.

Ouddietsche fragmenten van den Parthonopeus van Bloys, door J. A. Bormans. Brussel, 1871, 1 volume in-8°.

Speghel der wysheit of besinghe der Zalichede van Jan Praet, door J. A. Bormans. Brussel, 1872, 1 volume in-8°.

COMMISSION CHARGÉE DE PUBLIER UNE COLLECTION DES GRANDS ÉCRIVAINS DU PAYS.

Les Vrayes Chroniques de Jehan le Bel, publiées pour la première fois par M. Polain, membre de l'Académie royale de Belgique, 2 volumes in-8°.

Le premier livre des Chroniques de Froissart, publié d'après un texte inédit de la bibliothèque du Vatican, par M. le baron

Kervyn de Lettenhove, membre de l'Académie royale de Belgique, 2 volumes in-8°.

OEuvres de Georges Chastellain, publiées par M. le baron Kervyn de Lettenhove, membre de l'Académie royale de Belgique, 2 volumes in-8°.

Li roumans de Cléomadès, par Adenés li Roys, publié pour la première fois par M. Van Hasselt, membre de l'Académie royale de Belgique, 2 volumes in-8°.

Dits et contes de Baudouin de Condé et de son fils Jean de Condé, publiés par M. Aug. Scheler, associé de l'Académie royale de Belgique, 3 volumes in-8°.

Li Arts d'amour, de vertu et de boneurté, publié pour la première fois par M. Jules Petit, 2 volumes in-8°.

Lettres et Négociations de Philippe de Commines, publiées par M. le baron Kervyn de Lettenhove, membre de l'Académie royale de Belgique, 2 volumes in-8°.

Dits de Watriquet de Couvin, publiés pour la première fois par M. Aug. Scheler, associé de l'Académie royale de Belgique, 1 volume in-8°.

Poésies de Froissart, publiées par M. Aug. Scheler, 3 volumes in-8°.

Chroniques de Froissart, publiées avec les variantes des divers manuscrits, par M. le baron Kervyn de Lettenhove, membre de l'Académie royale de Belgique. Tome I à XVII.

COMMISSION CHARGÉE DE LA PUBLICATION D'UNE BIOGRAPHIE NATIONALE.

Liste alphabétique des noms provisoirement recueillis pour servir à la rédaction de la Biographie nationale. Bruxelles, 1862-1866, 1 volume in-4°.

Biographie nationale. Bruxelles, 1866-1873, tome I à IV (lettres *A.* — De Corte), in-8°.

ACADÉMIE ROYALE DE MÉDECINE DE BELGIQUE.

—

L'*Académie royale de médecine de Belgique* a été instituée par arrêté royal du 19 septembre 1841. Elle a son siége à Bruxelles. Elle a pour objet : 1° de répondre aux demandes qui lui sont faites par le Gouvernement; 2° de s'occuper de toutes les études et de toutes les recherches qui peuvent contribuer au progrès des différentes branches de l'art de guérir.

L'*Académie* est divisée en six sections. Elle se compose de 36 membres titulaires, répartis comme suit entre les six sections : 7 appartiennent à la 1re, 10 à la 2e, 10 à la 3e; les trois autres sections comptent chacune 3 membres. L'*Académie* élit ses membres; la nomination des membres titulaires et des membres honoraires est soumise à l'agrément du Roi. Ne peuvent être titulaires que des Belges ayant leur résidence en Belgique. La moitié, au moins, des membres titulaires doit résider hors de Bruxelles. Ne peuvent être membres honoraires que 1° les membres titulaires à qui il serait difficile de prendre une part active et continue aux travaux de l'*Académie,* ou qui auraient, après leur élection, transféré leur résidence à l'étranger, et 2° les correspondants qui, par leur nom, leurs antécédents ou leurs fonctions, se trouvent dans une position spéciale. Les membres honoraires ont voix délibérative dans toutes les discussions scientifiques; les correspondants prennent également part à ces discussions, mais ils n'ont que voix consultative. Le nombre des membres honoraires est indéterminé; celui des correspondants est fixé à 100, au plus, dont 40 belges et 60 étrangers.

L'*Académie* publie :

1° Mensuellement (sauf au mois d'août), un *Bulletin* des travaux des séances, formant annuellement un volume in-8° de 8 à 900 pages; 2° à des époques indéterminées, trois séries de mémoires, savoir : a) *Mémoires de l'Académie royale de médecine de Belgique* (in-4°), ne contenant que les travaux des membres; b) *Mémoires des concours et des savants étrangers* (in-4°); c) *Mémoires couronnés* (in-8°).

La collection du *Bulletin* se compose de trois séries dont la 1re (1841-1857) comprend 16 volumes, plus 1 volume de tables; la 2e (1856-1869), 9 volumes, plus 1 volume de tables; la 3e, en cours de publication, 7 volumes.

La collection des *Mémoires de l'Académie* se compose de 4 volumes et du 1er fascicule du tome V; celle des *Mémoires des concours et des savants étrangers*, de 7 volumes et du 1er fascicule du tome VIII, et celle des *Mémoires couronnés* du 1er vol. et de deux fascicules du tome II.

Outre son *Bulletin* et ses *Mémoires*, l'*Académie* a publié un *Exposé des travaux de la Compagnie pendant la période* 1841-1866.

ACADÉMIE D'ARCHÉOLOGIE DE BELGIQUE.

—

L'*Académie d'archéologie de Belgique*, sous la haute protection du Roi, a provisoirement son siége à Anvers, où elle a été fondée en 1842.

Elle s'occupe des sciences archéologiques et historiques.

Elle se compose: 1° de 40 membres titulaires; 2° de membres correspondants régnicoles, au nombre de 50, au plus; 3° de membres correspondants étrangers, en nombre non limité, et 4° de membres honoraires, également en nombre non limité.

De 1843 à 1863, elle a publié la première série de ses *Annales*, comprenant 20 volumes in-8°. Cette série est entièrement épuisée.

De la deuxième série, commencée en 1865, 9 volumes ont paru. Cette série se composera de 10 volumes, dont le dernier s'imprimait en 1874.

Depuis 1865, l'*Académie d'archéologie de Belgique* publie, sous forme de fascicules in-8° de 5 feuilles d'impression chacun, un *Bulletin* contenant les procès-verbaux des séances, le tableau des membres, les discours, les notices nécrologiques sur les membres décédés, la mention de la réception des livres, médailles, antiquités, etc., offerts à l'*Académie*, les rapports sur les mémoires présentés, de petites notices, etc.

ALLIANCE UNIVERSELLE,

BRANCHE NATIONALE BELGE.

La *Branche nationale belge* adhère aux statuts généraux de l'*Alliance Universelle*, qui a pour principes les légitimes intérêts de la famille, du travail, de la propriété, de la civilisation et du véritable progrès; et pour but, la conservation de la paix publique et de la paix sociale.

Elle a pour objet : *a)* de préparer les secours qui peuvent être utiles, en temps de guerre, pour les blessés, les malades, les prisonniers, les inhumations et l'assainissement des champs de bataille; *b)* de venir en aide aux populations victimes de la

guerre, sans distinction de nationalité ; *c*) d'intervenir charita-
blement dans les sinistres sur terre et sur mer ; *d*) d'aider par
tous les moyens possibles, à l'amélioration morale et matérielle des ouvriers, ainsi qu'à l'harmonie du travail et du
capital, etc.

Il est rendu compte des travaux de la *Branche nationale
Belge*, dans un *Bulletin* mensuel de 16 pages, in-8°, intitulé :
Bulletin belge de l'Alliance Universelle, rédigé par M. le doc-
teur Van Holsbeek. Prix d'abonnement : 5 francs.

ASSOCIATION BELGE DE SECOURS AUX MILITAIRES BLESSÉS ET MALADES EN TEMPS DE GUERRE.

Cette Association, fondée en 1864, par feu le docteur
André Uytterhoeven, sous le patronage de LL. MM. le Roi et
la Reine et présidée actuellement par M. le lieutenant-général
Renard, a suspendu momentanément sa revue périodique :
La Croix Rouge. Elle se propose de la continuer dans un
avenir peu éloigné.

ASSOCIATION DES INGÉNIEURS SORTIS DE L'ÉCOLE DE LIÉGE.

Cette Association, fondée en 1847, publie un *Annuaire* dont
le premier a paru en 1851. Depuis 1860, elle publie, en outre,

un *Bulletin* trimestriel, successivement dirigé par MM. A. Gillon, O. Rongé et A. Habets. A partir de 1874, ces deux publications ont été fusionnées en une seule, bi-mensuelle et portant le titre d'*Annuaire de l'Association des ingénieurs sortis de l'école de Liège.*

ASSOCIATION POUR LA PUBLICATION DE BROCHURES.

Cette Association publie chaque année un certain nombre de brochures destinées, selon le prospectus, à la défense et à la diffusion des principes religieux et moraux et des saines notions d'économie politique et sociale. Pour participer à l'œuvre de l'Association, on paie une cotisation annuelle de 2 fr. 50 par an, moyennant laquelle on reçoit toutes les brochures publiées.

L'Association a commencé la publication de ses brochures (in-18, Comptoir universel d'imprimerie et de librairie, Mathieu Closson et Cⁱᵉ, 26, rue Sᵗ-Jean, à Bruxelles) en 1865. En voici la liste :

1ʳᵉ SÉRIE, 1865.

1. *La Question des cimetières et la Loi sur le temporel des Cultes,* par Ch. Woeste.

2. *Les petits chinois et l'œuvre de la Sainte-Enfance,* par Jules Beernaert.

3. *Appel et défi,* par le R. P. Dechamps.

4. *Les deux révolutions,* par un Français.

5. *Le prêtre hors de l'École,* par Ed. Ducpétiaux.

6. *La Russie et la Pologne, il y a un siècle,* par le docteur Janssen.

7. *La science et la foi,* par L. Vitet.

2ᵉ Série, 1866.

1. *Deux actes des Martyrs*, par Emile Heybrandt.

2. *Le matérialisme moderne*, par le docteur Haffner.

3. *Quelques mots sur l'infaillibilité de l'Église*, par Hector Simon.

4. *Questions populaires d'actualité*, par l'abbé Gavairon.

5. *La loi est-elle la conscience publique?* par Mgr. de Ketteler.

6. *Le récit d'une sœur*, par A. Cochin.

3ᵉ Série, 1867.

1. *Almanach populaire belge pour* 1867.

2. *A quoi servent les couvents au XIXᵉ siècle?*

3. *Femmes savantes et femmes studieuses*, par Mgr. l'évêque d'Orléans.

4. *L'industrie et le christianisme*, par Jean-Joseph Rossbach.

5. *La papauté dans l'histoire*, par Mgr. Vicari.

4ᵉ Série, 1868.

1. *Almanach populaire belge pour* 1868.

2. *Quelques conseils aux femmes chrétiennes qui vivent dans le monde, sur le travail intellectuel qui leur convient*, par Mgr. l'évêque d'Orléans.

3. *Les savants irréligieux*, I, par Louis Champigni.

4. *Qu'est-ce qu'un clérical?* Lettre à un libre-penseur, par Louis Valder.

5. *Les savants irréligieux*, II, par Louis Champigni.

6. *L'union de la science et de la foi*, par Mgr. Dechamps.

7. *Les catacombes romaines*, par l'abbé Delvigne.

5ᵉ Série, 1869.

1. *Almanach populaire pour* 1869.

2. *Les jésuites devant l'histoire*, par Emile Delagrange.

3. *Les grèves, question ouvrière*, par un ami du peuple.

4. *L'Église et l'école*, par J.-B. Feyens.

5. *Huit jours après Sadowa*, par l'abbé N. J. Cornet.

6. *L'hypothèse matérialiste*, par le baron P. de Haulleville.

7. *Deux expériences*, par Mgr. Dupanloup.

6ᵉ Série, 1870.

1. *Almanach populaire illustré pour 1870.*

2. *Situation financière du Saint-Siége*, par P. de Gerlache.

3. *Moments de loisir*, par Joseph Tocourt.

4. *Le Christ, l'Église et la charité*, par A. Brifaut.

5. *Attachement à l'Église catholique*, par le R. P. J.-B. Boone.

6. *Almanach populaire belge pour 1871.*

7ᵉ Série, 1871.

1. *Vie de Jésus, de M. Ernest Renan*, par M. Lamy.

2. *Lettres sur l'Enseignement primaire*, par M. Ad. Dechamps.

3. *De l'éducation des femmes et des écoles publiques de garçons, en Angleterre.*

4. *Galilée*, par M. A. Delvigne.

5. *Almanach populaire pour 1872.*

8ᵉ Série, 1872.

1. *Frédéric Ozanam.* Conférence donnée à Gand, par Armand Brifaut.

2. *L'œuvre de la propagation de la Foi.*

3. *L'Infaillibilité pontificale.* Réponse à M. de Bismark et ses adeptes, par les évêques suisses.

4. *Étude sur Sainte-Beuve*, par Léon De Monge.

5. *La proscription des jésuites de l'empire d'Allemagne, en 1872*, par l'abbé A. J. Cornet.

9ᵉ Série, 1873.

1. *Les encycliques, la Constitution belge et les catholiques.*

2. *Le Cœur d'un savant.* Journal et correspondance d'André Marie Ampère, par Philippe Gilbert.

3. *De la décadence des races latines.*

4. *Les principes de* 1789, par J. Denoël.

5. *Aux hommes indifférents en matière religieuse*, par J.-B. Feyens.

6. *La St-Barthélemy*, par le docteur Holzwarth.

10e Série, 1874.

1. *Les Apôtres.* Examen critique du second écrit de M. Renan, sur les origines du christianisme, par T.-J. Lamy.

2. *L'Antechrist.* Examen critique de l'Antechrist de M. Renan, par T.-J. Lamy.

3. *La liberté des cultes et la question des cimetières.*

4. *Lettre de Mgr. l'évêque d'Orléans à M. Minghetti.*

CERCLE ARCHÉOLOGIQUE
DE LA VILLE ET DE L'ANCIEN PAYS DE TERMONDE.

(OUDHEIDSKUNDIGE KRING DER STAD EN DES VOORMALIGEN LANDS VAN DENDERMONDE.)

Le *Cercle Archéologique de la ville et de l'ancien pays de Termonde*, a été fondé à la fin de 1862.

Il a pour but :

1° De faire connaître par la publication périodique d'annales, les archives ainsi que les détails les plus intéressants de l'histoire de la ville et de l'ancien pays de Termonde ;

2° De recueillir, pour en former un *musée*, les souvenirs historiques et archéologiques qui s'y rattachent ;

3° De propager ainsi les études archéologiques.

Il est composé : 1° de membres effectifs en nombre illimité, payant une rétribution annuelle de 6 francs ; 2° de membres correspondants, dont le nombre est limité à 20 ; 3° de membres d'honneur.

La 1re série des *Annales du Cercle archéologique*, de 1863 à 1867, forme 4 volumes in-8° ; la 2e série, commencée en 1868, comprend 3 volumes.

Outre ses *Annales*, le Cercle a publié :

Cartulaire de l'abbaye de Zwyveke-lez-Termonde, publié et annoté par Alph. L. de Vlaminck, in-8°, 1869, 1re et 2e livr.

Notice historique sur les accises communales de Termonde, par A. de Vlaminck, 1873, in-8°.

CERCLE ARCHÉOLOGIQUE DE MONS.

—

Le *Cercle Archéologique de Mons*, fondé le 28 septembre 1856, a pour but :

1° De travailler à l'histoire politique, littéraire, artistique, scientifique et religieuse du Hainaut, et en particulier à celle de la ville de Mons;

2° De rechercher et de réunir tous les documents propres à en former les éléments;

3° De se procurer, soit en originaux, soit en copies ou dessins, les monuments et les objets d'art du pays de Hainaut, en faisant au besoin des fouilles à cet effet, et de s'efforcer d'empêcher la détérioration ou la perte de ceux qui offriraient de l'intérêt;

4° De répandre le goût des études historiques et archéologiques.

Le *Cercle Archéologique* se compose : 1° de membres effectifs payant une cotisation annuelle de 12 francs ; 2º de membres honoraires payant une cotisation de 20 francs ; 3º de membres correspondants.

Il publie des *Annales,* dont le tome Iᵉʳ a paru en 1857. La collection (1857-73) comprend jusqu'ici 11 volumes ou XII tomes, le tome X ayant deux parties.

Il publie dans le même format in-8º que les *Annales,* un *Bulletin* de ses séances, dont trois volumes ont paru.

En outre, il a publié :

Extraits des comptes de la recette générale de l'ancien comté de Hainaut (1334-1400), tome Iᵉʳ, Mons, 1871, in-8º.

Mons, capitale du comté de Hainaut, par Nicolas de Guyse (1621), traduction de M. Demarteau. Mons, Hector Manceaux, 1871, in-8º, avec une vue et les armoiries de Mons.

Carte généalogique des comtes de Hainaut, par Melsnyder. Mons, Hector Manceaux, 1871.

Il a accordé son patronage à diverses publications de MM. Bernier, De Bettignies, Devillers, Hachez et le R. P. Roland.

CERCLE ARCHÉOLOGIQUE DU PAYS DE WAES.
(OUDSHEIDKUNDIGE KRING VAN HET LAND VAN WAAS.)

Le *Cercle Archéologique du pays de Waes,* fondé le 16 mai 1861, a son siége à Sᵗ-Nicolas.

Il a pour but :

1º De sauver de la destruction ou de l'oubli, et de rassembler au chef-lieu de l'arrondissement, soit en originaux, soit en copies, les monuments historiques et autres du pays de Waes ou le concernant, tels que tombes, sculptures, peintures, dessins, cartes, médailles, monnaies, sceaux, meubles, ustensiles, armes, manuscrits, livres, journaux, objets fossiles, etc.;

2º D'encourager par des concours ou par tout autre moyen, le développement des études historiques et archéologiques;

3º De publier des documents inédits ou peu communs, ainsi que des dissertations ou notices sur l'histoire du pays de Waes et de tout ce qui s'y rattache.

Il se compose d'un nombre illimité de membres titulaires. Il ne peut être nommé plus de 10 membres honoraires.

Le *Cercle* publie : 1º des *Annales;* 2º des monographies qui ne peuvent être insérées dans les *Annales;* 3º *Archives des familles du pays de Waes.*

La collection des *Annales* forme actuellement 4 volumes complets, et la 1re livraison du tome V, grand in-8º; celle des *Archives,* 2 fascicules.

Voici la liste des monographies publiées par le *Cercle :*

1º *Levensbeschrijving van Philip Verheyen;* 2º *Beschrijving der feestelijkheden welke te Verrebroeck,* den 24 Augusti 1862, ter gelegenheid der inhulding van het borstbeeld van Philip Verheyen, hebben plaats gehad; 3º *Établissements de bienfaisance de St-Nicolas,* 1re partie, *Le Berkenboom;* 4º *Het Land van Waas;* 5º *Declaratio insigniorum utilitatum quæ sunt in globo terrestri, cœlesti et annulo astronomico,* manuscrit inédit de Gérard Mercator; 6º *Inhuldiging van het standbeeld van Geeraard Mercator;* 7º *Le Livre des feudataires des comtes de Flandres au pays de Waes,* aux xive, xve et xvie siècles; 8º *Établissements de bienfaisance de St-Nicolas,* 2e partie, *les hospices des orphelins et des orphelines.*

COMITÉ DES SOIRÉES POPULAIRES DE VERVIERS.

Les soirées populaires organisées par ce Comité, formées dans le but d'instruire en amusant, ont lieu le dimanche, du mois de novembre au mois d'avril. Elles se composent d'une partie littéraire ou scientifique, d'une partie musicale et d'une tombola de livres. L'œuvre des *Soirées populaires* a été fondée à Verviers, en décembre 1866, par deux Cercles d'instruction mutuelle : *le Progrès* et *l'Étude*.

Les publications du *Comité des Soirées populaires de Verviers* se composent d'un *Bulletin* distribué gratuitement à chaque séance et d'un *Almanach*.

Le premier de ces *Bulletins* a été publié en 1871. La collection complète forme 3 volumes in-8°. Le 4e est en cours de publication.

L'*Almanach des Soirées populaires de Verviers* se publie depuis 1869, en volumes in-18.

Le *Comité* a publié en outre les ouvrages suivants couronnés au concours de littérature ouvert par lui :

Mercator, drame historique en 4 actes, en vers, par Mme Deros (Violette). Verviers, Ch. Vinche, 1874, in-8° de 156 pages.

Marianne la Botresse, nouvelle liégeoise, par Eugène Bondroit. Verviers, Ch. Vinche, 1874, in-8° de 54 pages.

FÉDÉRATION DES SOCIÉTÉS D'HORTICULTURE DE BELGIQUE.

La *Fédération des sociétés d'horticulture de Belgique*, fondée en 1860, a pour but d'unir toutes les Sociétés locales dans les questions d'intérêt général.

Elle publie annuellement un *Bulletin*, renfermant, outre les comptes-rendus des travaux des Sociétés fédérées, des mémoires et des notices de botanique et d'horticulture. 12 volumes ont paru.

La *Fédération* a édité en outre les ouvrages suivants :

1. *Bulletin du Congrès international de pomologie*, qui a eu lieu à Namur, en 1862, in-8°.

2. *Bulletin du Congrès international d'horticulture*, qui s'est réuni à Bruxelles, en 1864, in-8°.

3. *Les Floralies russes de 1869*, in-8° illustré.

Le secrétaire (M. Morren) habite Liége.

FÉDÉRATION MÉDICALE BELGE.

La *Fédération médicale belge*, dont le siége est à Bruxelles, est composée de toutes les associations de médecins du pays. Elle a pour but :

« De faire sortir les sociétés locales de leur isolement, de donner aide et protection à ses membres, d'entretenir la bonne confraternité, de travailler en commun au développement des intérêts matériels de la profession, de maintenir, par son influence moralisatrice, l'exercice de l'art de guérir dans les voies utiles au bien public et conformes à la dignité de la profession. »

La *Fédération* est représentée par des assemblées générales et dirigée par un Conseil central composé d'un nombre de membres égal à celui des associations confédérées.

Ce Conseil publie tous les ans un compte-rendu des actes de la *Fédération.*

La cotisation annuelle est de 1 franc par membre de chaque société affiliée.

La collection des comptes-rendus publiée par la *Fédération médicale belge* se compose de 9 brochures in-8° (1865-67, 1869-73, Bruxelles, H. Manceaux ; 1868, Liége, imprimerie du journal *Le Scalpel).*

La *Fédération médicale belge* a publié en outre, depuis 1871, des rapports annuels sur la situation de la caisse de pensions du corps médical belge.

INSTITUT ARCHÉOLOGIQUE DU LUXEMBOURG.

—

Fondé par arrêté de la députation permanente du Conseil provincial du Luxembourg, du 2 septembre 1846, approuvé par arrêté royal du 12 avril 1847, sous le titre de *Société pour la conservation des monuments historiques et des œuvres d'art dans la province de Luxembourg,* remplacé à partir de 1862, par celui d'*Institut archéologique du Luxembourg,* ce Cercle a pour objet la recherche et la conservation des monuments historiques et archéologiques, ainsi que des œuvres d'art que renferme la province.

Il est composé de 20 membres effectifs au moins, 30 au plus, et de membres honoraires et correspondants en nombre illimité.

L'*Institut* a son siége à Arlon. Il publie des *Annales*, dont les 4 premiers volumes ont paru de 1849 à 1855, le cinquième en 1867, le sixième en 1871. Le tome VII est en cours de publication.

INSTITUT ARCHÉOLOGIQUE LIÉGEOIS.

Cet *Institut,* fondé en 1852, à Liége, a pour objet de rechercher, de rassembler et de conserver les œuvres d'art et les monuments archéologiques que renferme la province de Liége.

Il se compose : 1) de 16 membres effectifs domiciliés à Liége ; 2) d'un président et d'un vice-président honoraires — le gouverneur de la province de Liége et le bourgmestre de Liége — ; 3) de 45 membres honoraires ; 4) d'un nombre illimité de membres correspondants.

L'*Institut* publie, à des époques indéterminées, un recueil portant le titre de *Bulletin de l'Institut archéologique de Liége* (in-8°). De 1852 à 1872, il a paru de ce *Bulletin* 11 volumes.

L'*Institut* a publié, en outre, un *Catalogue descriptif du Musée provincial fondé par l'Institut archéologique liégeois,* 1re suite, brochure in-8°, s. d.

LANDBOUWMAATSCHAPPIJ VAN HET WESTEN.

(BRUGES).

―

Cette Société, aux termes de son règlement arrêté le 12 décembre 1868, a pour but de s'occuper de toutes les mesures intéressant l'agriculture, de répandre la connaissance des améliorations agricoles et de coopérer au progrès de toutes les branches de l'industrie agricole.

Elle est divisée en comices comprenant chacun un ou plusieurs districts agricoles.

La cotisation annuelle des membres est de 5 francs, au moins.

La société publie depuis 1863 : *De Landman*, feuille hebdomadaire, in-fol. Prix d'abonnement : 5 francs.

LIGUE DE L'ENSEIGNEMENT.

―

La *Ligue de l'Enseignement*, fondée à Bruxelles, en 1864, a pour but la propagation et le perfectionnement de l'éducation et de l'instruction en Belgique. Elle poursuit ce but par tous les moyens légaux, notamment : en étudiant et en discutant les questions qui se rattachent à l'éducation et à l'instruction ; en provoquant la révision des lois dans ce qu'elles ont de contraire à l'esprit de la Constitution, à la liberté de conscience, à l'égalité des citoyens, à l'emploi facultatif des langues, à l'extension et au progrès de l'enseignement ; en s'efforçant d'élever la position sociale des instituteurs et des institutrices, etc.

La *Ligue* est administrée par un Conseil général, siégeant à Bruxelles. Des Cercles locaux sont institués dans toutes les localités du pays, où il y a un nombre suffisant de membres de la *Ligue*. Ces Cercles s'occupent, dans leur circonscription, de tout ce qui peut servir les intérêts de l'enseignement, dans la limite des principes admis par la *Ligue*.

Les membres de la *Ligue* fixent eux-mêmes le montant de leur cotisation annuelle qui ne peut être en-dessous d'un franc.

La *Ligue* publie, à des époques indéterminées, un *Bulletin* rendant compte de ses travaux. 9 volumes ont paru jusqu'à ce jour.

Elle a publié en outre : *Projet d'organisation de l'enseignement populaire*, 1 volume in-8°.

MAATSCHAPPIJ DER VLAAMSCHE BIBLIOPHILEN.
(GAND.)

—

Cette Société, fondée à Gand, en 1839, a pour but la publication de manuscrits anciens et la réimpression de livres devenus rares, intéressant l'histoire de la littérature flamande. Le nombre de ses membres, limité d'abord à 28, a été porté, en 1845, à 36. Ils acquittent une cotisation annuelle de 20 fr. et reçoivent un exemplaire, en grand papier de Hollande (grand in-8°), des ouvrages publiés par la société. Parmi les ouvrages il y en a qui sont destinés uniquement aux membres; des autres il est tiré des exemplaires en papier ordinaire, qui sont mis dans le commerce; le nombre de ces derniers, fixé primitivement à 100, a été doublé depuis 1871.

La société a publié les ouvrages suivants :

   a) *Ouvrages destinés aux sociétaires seulement.*

1. *Distorie van Saladine.*

2. *Die historie vander goeder vrouwen Griseldis, die een spieghel is gheweest van patientiën.*

3. *Declaratie van der triumphe bewezen den hooghe gheboren prince van Spaengiën, Philips, des keisers Chaerles van Oostenrijc zone, binnen der stad van Ghend, in Vlaender, den XIII Julii, anno MD. XLIX.*

4. *Beschrijvinghe van het ghene dat vertoocht wierdt ter incomste van d'excellentie des princen van Oraengiën binnen der stede van Ghendt, den XXIX Decembris 1577.*

5. *Eene schoone historie van Mariken van Nimweghen, een seer wonderlijcke ende waerachtige geschiedenisse, hoe sy meer dan seven jaren met den duyvel woonde ende verkeerde.*

6. *Van Homulus, een schoene comedie, daer in begrepen wort, hoe in der tijt des doots der menschen alle geschapen dinghen verlaten dan alleene die duecht.*

7. *'t Baghijnken van Parijs, oock is hier by gedaen die wijse leeringe die Catho zijnen sone leerde.*

8. *De Spiegel der jongers,* door Lambertus Goetman, 1488.

9. *Dat Dyalogus of twisprake tusschen den wisen coninck Salomon ende Marcolphus.*

10. *Keukenboek,* uitgegeven naar een handschrift der vijftiende eeuw.

b) *Ouvrages dont 100 exemplaires ont été mis dans le commerce.*

1re Série.

1. *Het beclach van Jhr. Jan Van Hembyze.*

2. *Dagverhael van den Oproer te Antwerpen.*

3. *Kronijk van Vlaenderen van 580 tot 1467,* 2 volumes.

4. *Leven van Sinte Amand, patroon der Nederlanden*, dicht-werk der xive eeuw. 2 volumes.

2e Série.

1. *Het beleg van Gent, ten jare* 965, naer een handschrift van Gilles de Voocht (xvie eeuw).

2. *Het keurboek van Antwerpen.*

3. *Der vrouwen heimelijkheid*, dichtwerk der xive eeuw.

4. *Verhael der reformatie van de abdy van Maegdendale*, voorheen een vrouwenklooster binnen de stad Audenaerde, 1468. Naer een eventydig handschrift.

5. *Gewoonten, vryheden en privilegiën der stad Sint-Truyen.*

6. *Het spel van de vijf vroede ende van de vijf dwaze maegden.*

7. *Politieke balladen, refereinen, liederen en spotgedichten der* xvi^e *eeuw.*

8. *De boec van Catone*, een Dietsch leerdicht, uit het latyn. Naer een handschrift van het einde der xiii^e eeuw.

9. *Oudvlaemsche liederen en andere gedichten der* xiv^e *en* xv^e *eeuwen.*

10. *Journal ofte dagregister van onze reyse naer de keyzerlyke stad van Weenen, ten jare* 1716.

11. *Verslag van 't magistraet van Gent, nopens de godsdienstige beroerten aldaer, loopende van den* 30 Juny 1566 *tot den* 30 April 1567; gevolgd door talryke bewysstukken.

12. *Het leven van Philippus den Stouten, hertoch van Bor-goniën, ende van Margareta van Male, gravinne van Vlaenderen.*

13. *Het leven van Joannes den Onbevreesden, hertoch van Borgoniën, graef van Vlaenderen.*

14. *De Grimbergsche oorlog*, riddergedicht uit de xive eeuw. 2 volumes.

15. *Memorieboek der stad Ghendt, van 't jaer* 1301 *tot* 1793. 4 volumes.

3e Série.

1. *Dat boec van den gheesteleken tabernacule*, door Jan van Ruusbroec (xive eeuw). 3 volumes.

2. *Het boec van al 't geen datter geschiedt is binnen Brugghe, sichtent jaer* 1477, 14 *Februari, tot* 1491.

3. *Lamentatie van Zegher van Male, behelsende wat datter aenmerckensweerdig geschiet is ten tyde van de Gouserie en de Beeltstormerie binnen ende omtrent de stadt van Brugghe.*

4. *Dat boec van den twaelf dogheden. Die spieghel der ewigher salicheit. Van den kerstenen Gelove.* Door Jan van Ruusbroec. (XIVᵉ eeuw).

5. *Dagboek van Jan de Pottre,* 1549-1602. Naer het oorspronkelijk handschrift in de koninklijke bibliotheek te Brussel berustende.

6. *De weerbare mannen van het land van Waes, in* 1480, 1552 *en* 1558.

7. *Dat boec van VII trappen in den graet der gheesteliker minnen. Dat boec van VII sloten. Dat boec vanden rike der ghelieven. Dat boec vanden vier becoringhen.* Door Jan van Ruusbroec (XIVᵉ eeuw).

8. *Tafereelen uit het leven van Jesus,* een handschrift van de XVᵉ eeuw.

9. *Dat boec van den twaelf beghinen,* door Jan van Ruusbroec (XIV eeuw).

10. *Nederlandsche historie,* door Augustijn van Hermelghem. 2 volumes.

11. *Jaerboeken van het souvereine gilde der kolveniers, busschieters of kanonniers, gezegd hoofdgilde van Sint-Antone te Gent.* 3 volumes.

12. *Die chierheyt der gheesteleker brulocht. Dat hantvingherlijn oft van den blickenden steene. Dat boec der hoechster waerheit.* Door Jan van Ruusbroec (XIVᵉ eeuw).

13. *Gedichten van Claude de Clerck.*

14. *Het leven van pater Petrus Thomas van Hamme, missionnaris in Mexico en in China* (1651-1727).

15. *Practijcke criminele van Philips Wielant,* naar het eenig bekende handschrift uitgegeven door Aug. Orts.

4e SÉRIE.

1. *Van die beroerlicke tijden in die Nederlanden en voor-namelijk in Ghendt* (1566-1568), door Marcus van Vaernewyck. Naer het oorspronkelijk handschrift uitgegeven door Ferd. Vanderhaeghen, bibliothecaris der hoogeschool van Gent, enz., 1872-1874 (3 volumes ont paru, le 4e est en cours de publication).

La Société annonce la publication, en volumes in-12, d'une collection de poètes et de prosateurs flamands des xve, xvie et xviie siècles, devenus rares. Il n'en sera tiré que 300 exemplaires.

La 1re série de cette collection comprendra les ouvrages suivants :

Seghelijn van Jherusalem.
Dat Caetsspel.
Jan vanden Dale. *Die huere vander doodt.*
Hendrik Stijnen. *Die krachtighe roede van Moses en Aron.*
Jan Wtenhove. *Psalmen en ander ghesangen.*
Refereynen int vroede, int zotte ende int amoreuze, vertooght 20 april 1539, by de 19 Cameren binnen Ghendt.
Goethals. *Spreekwoorden.*
Lucas d'Heere. *Hof en boomgaerd der poësien.*
Jan van Mussem. *Rhetorica, dye edele const van welsegghene.*
Colijn van Rijssele. *Spiegel der minnen.*
Ph. Numan. *Spieghel der menschen.*
Honorius van den Born (Erycius Puteanus). *Sedigh leven, daghelycks broot.*

SOCIÉTÉ AGRICOLE DU BRABANT-HAINAUT.

—

Cette Société, dont le siége est à Bruxelles, a pour objet de s'occuper de toutes les mesures qui peuvent intéresser l'agriculture, propager les améliorations agricoles et aider au progrès de toutes les branches de l'industrie rurale.

Elle est subdivisée en comices comprenant chacun un ou plusieurs districts agricoles. Ses membres paient une rétribution annuelle de 3 fr. 50 au minimum.

La Société publie un *Journal* hebdomadaire, in-8° (Bruxelles, Ad. Mertens). Prix de l'abonnement, 5 fr. l'an.

SOCIÉTÉ AGRICOLE DE L'EST DE LA BELGIQUE.

—

Cette Société, dont le siége est à Liége, a pour but la propagation des bonnes pratiques et du perfectionnement dans l'industrie agricole, prise dans son acception la plus étendue, comprenant ainsi l'agriculture proprement dite, l'art forestier et l'économie rurale.

La Société se compose de membres effectifs, payant une cotisation annuelle de 10 fr., de membres correspondants et de membres honoraires, en nombre illimité.

Elle publie, depuis 1850, un *Journal* hebdomadaire, in-fol. (Liége, J. Desoer). Le prix de l'abonnement est de 10 fr. par an.

SOCIÉTÉ AGRICOLE ET FORESTIÈRE DE LA PROVINCE DE NAMUR.

Cette Société, fondée en 1859, à Namur, a pour but de s'occuper de toutes les mesures qui peuvent intéresser l'agriculture, propager les améliorations agricoles et aider au progrès de toutes les branches de l'industrie rurale et forestière.

Elle est subdivisée en sections ou comices, comprenant chacun un ou plusieurs districts agricoles.

La cotisation annuelle de chaque membre est de 10 fr.

La Société publie, depuis l'année de sa fondation, un journal hebdomadaire, intitulé : *L'Agronome*, dirigé par M. Aug. Stiennon, faubourg d'Heuvy, 83, à Namur.

La collection forme 16 volumes in-8°.

Le prix de l'abonnement est de 5 fr.

SOCIÉTÉ ANATOMO-PATHOLOGIQUE DE BRUXELLES.

La *Société anatomo-pathologique de Bruxelles*, constituée en 1857, a pour but l'examen, l'étude et la discussion de tout ce qui se rattache à l'anatomie pathologique.

Elle est composée d'un nombre illimité de membres effectifs, payant une rétribution annuelle de 5 fr. et de membres correspondants. Nul ne peut être admis comme membre effectif s'il n'a présenté une observation qui puisse lui mériter ce titre; le mérite de cette observation est soumis à l'examen d'une commission de trois membres. Les membres correspondants comprennent les docteurs ou candidats en médecine, demeurant hors de la capitale, qui, sur leur demande, mériteraient ce titre, soit par le rang qu'ils occupent dans la science, soit par l'intérêt de leurs communications.

La Société s'assemble régulièrement tous les quinze jours, dans un local de l'Université libre de Bruxelles.

Il est rendu compte des travaux de la Société dans une publication annuelle ayant pour titre : *Annales de la Société d'anatomie pathologique de Bruxelles,* et dont 23 volumes in-8° ont paru.

SOCIÉTÉ ARCHÉOLOGIQUE DE NAMUR.

La *Société archéologique de Namur,* fondée le 28 décembre 1845, a pour but :

» 1° De sauver de la destruction ou de l'oubli et de
» rassembler au chef-lieu de la province, soit en originaux,
» soit en copies, les *Monuments historiques* du pays et, en
» particulier, ceux du pays de Namur, tels que tombes,
» sculptures, peintures, dessins, cartes, médailles, monnaies,
» sceaux, meubles, ustensiles, armes, manuscrits, livres,
» journaux, pamphlets.

» 2° De publier des documents inédits ainsi que des disser-
» tations ou notices sur l'histoire de la province. » (Art. 1 des Statuts.)

La Société de Namur a publié jusqu'à ce jour :

1° Ses *Statuts,* imprimés en 1849, in-8°;

2° Des rapports annuels sur la situation de la·Société, de 1846 à 1873. (Pas dans le commerce.)

3° *Protocole des délibérations de la municipalité de Namur, du 26 janvier au 25 mars 1793*, in-8°, 310 pages et VIII de préface. Namur, Wesmael-Legros, 1847.

4° *Annales de la Société archéologique.* 12 volumes in-8°, de 1849 à 1874. (Les 4 premiers volumes sont épuisés.)

C'est à la Société archéologique et aux fouilles qu'elle a exécutées, que la ville de Namur doit son beau Musée d'antiquités gallo-romaines et franques, l'un des plus curieux et des plus riches de la Belgique et du nord de la France.

SOCIÉTÉ CENTRALE D'AGRICULTURE DE BELGIQUE.

—

La *Société centrale d'agriculture de Belgique*, fondée en 1854, a son siége à Bruxelles. Elle a pour objet de concourir aux progrès de la science et de l'industrie agricoles. Elle compte environ 800 membres payant une cotisation annuelle de 12 francs.

La Société publie, en livraisons mensuelles, un *Bulletin* rendant compte de ses travaux.

La collection de ce *Bulletin* forme aujourd'hui 20 volumes in-8°.

SOCIÉTÉ CENTRALE D'ARBORICULTURE DE BELGIQUE.

(BRUXELLES.)

—

Cette Société a pour but : l'étude, la discussion, la démonstration et la propagation des principes rationnels de la culture des arbres à fruits, ainsi que l'étude de la pomologie.

Elle a son siége à Bruxelles, et se compose de membres effectifs, de membres conférenciers et de membres honoraires. La cotisation annuelle est de 1 franc.

La Société publie un recueil sous le titre : *Annales de l'horticulture,* organe de la Société centrale d'horticulture de Belgique, publiées sous la direction de M. Lubbers, chef des cultures au jardin botanique de l'État, à Bruxelles. Braine-le-Comte, imp. Alph. Lonnia. Fascicules mensuels de 16 pages, in-8°. Prix de l'abonnement, 5 fr. par an.

SOCIÉTÉ CENTRALE DES INSTITUTEURS BELGES.

—

Cette Société a été fondée à Bruxelles, le 14 juillet 1860, dans le but de contribuer au perfectionnement des méthodes d'enseignement, de relever la situation morale et matérielle des hommes d'école et d'établir entre eux des relations fraternelles.

Elle est composée de membres effectifs et de membres honoraires, en nombre illimité.

La *Société centrale des instituteurs belges* publie une feuille hebdomadaire, grand in-8°, intitulée : *Le Progrès, journal de l'éducation populaire,* dont 13 volumes ont paru. Le 14me est en cours de publication. Prix : fr. 5,25 par an, dans tous les bureaux de poste de la Belgique. Pour l'étranger, le port en sus.

SOCIÉTÉ CHORALE ET LITTÉRAIRE DES MÉLOPHILES DE HASSELT.

La *Section littéraire* de cette Société publie, depuis 1864, un *Bulletin* renfermant des travaux d'histoire et de littérature. La collection (de 1864 à 1872) forme 9 volumes in-8°. (Hasselt, J. V. Finoulst.) Il n'a pas été publié de *Bulletin* en 1869; celui de 1871 forme deux tomes.

SOCIÉTÉ DE L'HISTOIRE DE BELGIQUE.

La *Société de l'histoire de Belgique,* constituée à Bruxelles, au mois d'avril 1858, a pour objet de publier :

1. Les mémoires originaux, les opuscules ou les récits contemporains écrits en langue française, soit inédits, soit déjà imprimés, sur les diverses époques de l'histoire de Belgique, en commençant par ceux de ces documents qui sont relatifs aux troubles du XVIe siècle;

2. Les traductions des mémoires ou récits écrits en langue flamande ou dans d'autres idiômes que la langue française, avec

ou sans le texte en regard, suivant les décisions du Conseil;

3. Un compte-rendu annuel de ses travaux et de sa situation.

Elle se compose de membres payant une rétribution annuelle de 30 francs; le nombre en est illimité.

La *Société de l'histoire de Belgique* a fait paraître les ouvrages suivants (in-8°) :

1. *Mémoires de Fery de Guyon*, escuyer, bailly général d'Anchin et de Pesquencourt, avec une introduction et des notes, par A. L. P. de Robaulx de Soumoy, 1858.'

2. *Mémoires de Viglius et d'Hopperus*, sur le commencement des troubles des Pays-Bas, avec notice et annotations, par Alph. Wauters, 1858.

3. *Mémoires anonymes sur les troubles des Pays-Bas* (1565-1580), avec notice et annot., par J.-B. Blaes, tome Ier, 1859.

4. *Mémoires de Pasquier de le Barre et de Nicolas Soldoyer* (1565-1575), avec notice et annotations, par Alex. Pinchart, tome Ier, 1859.

5. *Mémoires de Jacques de Wesenbeke*, avec une introduction et des notes, par Ch. Rahlenbeck, 1859.

6. *Mémoires de Frédéric Perrenot*, sieur de Champagney, avec notice et annotations, par A. L. P. de Robaulx de Soumoy, 1860.

7. *Mémoires anonymes sur les troubles des Pays-Bas* (1565-1580), avec notice et annot., par J.-B. Blaes, tome II, 1860.

8. *Les commentaires de Don Bernardino de Mendoça*, l'un des lieutenants du duc d'Albe (1567-1577). Traduction nouvelle de N. Loumyer, avec notice et annotations, par Guillaume, tome Ier, 1860.

9. *Mémoires de Philippe Warny de Visenpierre*, sur le siége de Tournay, en 1581, par A. G. Chotin, 1860.

10. *Mémoires de Pontus Payen*, avocat d'Arras, avec notice et annotations, par Alex. Henne, tome Ier, 1860.

11. *Id.*, tome II, 1861.

12. *Mémoires anonymes sur les troubles des Pays-Bas* (1565-1580), avec notice et annot., par J.-B. Blaes, tome III, 1861.

13. *Mémoires de Francisco de Enzinas (Dryander)*, texte latin inédit, avec la traduction du xvi⁰ siècle en regard (1543-1545), avec notice et annot., par Ch. Al. Campan, tome Ier, 1862.

14. *Procès de François Anneessens*, doyen du corps des métiers de Bruxelles (1719), avec notice et annotations, par L. Galesloot, tome Ier, 1862.

15. *Mémoires sur Emmanuel de Lalaing*, baron de Montigny, avec notice et annotations, par J.-B. Blaes, 1862.

16. *Mémoires de Francisco de Enzinas (Dryander)*, texte latin inédit, avec la traduction française du xvi⁰ siècle en regard (1543-1545), avec notice et annotations, par Ch. Al. Campan, tome II, 1863.

17. *Les commentaires de Don Bernardino de Mendoça*, l'un des lieutenants du duc d'Albe (1567-1577), traduction nouvelle de N. Loumyer, avec notice et annotations, par Guillaume, tome II, 1863.

18. *Procès de François Anneessens*, doyen du corps des métiers de Bruxelles (1719), avec notice et annotations, par L. Galesloot, tome II, 1863.

19. *Histoire des troubles advenus à Valenciennes*, avec notice et annotations, par A. L. P. de Robaulx de Soumoy, 1864.

20. *Mémoires anonymes sur les troubles des Pays-Bas* (1565-1580), avec annotations, par Al. Henne, tome IV, 1864.

21. *Mémoires de Pasquier de le Barre et de Nicolas Soldoyer* (1565-1575), avec notice et annotations, par Alex. Pinchart, tome II, 1865.

22. *Mémoires sur les troubles de Gand*, (1577-1579), par François Halewyn, seigneur de Zweveghem, avec une introduction et des notes, par Kervyn de Volkaersbeke, 1865.

23. *Les subtils moyens par le cardinal Grandvelle avec ses complices inventez pour instituer l'inquisition*, avec une introduction et des notes, par Ch. Rahlenbeck, 1866.

24. *Mémoires anonymes sur les troubles des Pays-Bas* (1565-1580), avec annotations, par Al. Henne, tome V, 1866.

25. *Bergues-sur-le-Soom*, assiégée le 18 juillet 1622 et désassiégée le 3 d'octobre ensuivant, selon la description faite par les trois pasteurs de l'église d'icelle, avec une introduction et des notes, par Ch. Al. Campan, 1867.

26. *Abrégé historique du règne d'Albert et Isabelle* (1592-1602), avec une introduction et des notes, par Adrien Campan, 1867.

27. *Troubles de Bruxelles de* 1619, justification apologétique de l'avocat Rombaut Van Uden, avec une introduction et des notes, par L. Galesloot, 1868.

28. *Histoire générale des guerres de Savoie, de Bohême, du Palatinat et des Pays-Bas*, par le seigneur Du Cornet, gentilhomme belgeois, avec une introduction et des notes, par A. L. P. de Robaulx de Soumoy, tome Ier, 1868.

29. *Id.*, tome II, 1869.

30. *Relations des campagnes de* 1644 *et* 1646, par Jean Antoine Vincart, secrétaire des avis secrets de la guerre. Texte espagnol avec traduction en regard, introduction et notes, par Paul Henrard, 1869.

31. *Mémoires de Martin Antoine Del Rio, sur les troubles des Pays-Bas*, texte latin inédit, avec traduction, notes et notice, par Ad. Delvigne, tome Ier, 1869.

32. *Considérations d'Estat sur le traicté de la paix avec les sérénissimes archiducz d'Austriche*, avec une introduction et des notes, par Ch. Rahlenbeck, 1869.

33. *Henri IV et la princesse de Condé*, précis historique suivi de la correspondance de Pecquius et d'autres documents inédits, par Paul Henrard, 1870.

34. *Histoire de l'archiduc Albert*, gouverneur général et prince souverain de la Belgique, par M. de Montpleinchamp, annotée par A. L. P. de Robaulx de Soumoy, 1870.

35. *Mémoires de Martin Antoine Del Rio, sur les troubles des Pays-Bas*, texte latin inédit, avec traduction, notes et notice, par Ad. Delvigne, tome II, 1870.

36. *Procès de Martin Étienne Van Velden*, publié par Arm. Stévart, 1871.

37. *Chronique des événements les plus remarquables* (1780 à 1827), publiée par L. Galesloot, tome Ier, 1870.

38. *Mémoires de Martin Antoine Del Rio, sur les troubles des Pays-Bas*, texte latin inédit, avec traduction, notes et notice, par Ad. Delvigne, tome III, 1871.

39. *Chronique des événements les plus remarquables* (1780 à 1827), publiée par L. Galesloot, tome II, 1872.

40. *Considérations sur le Gouvernement des Pays-Bas*, publiées par A. L. P. de Robaulx de Soumoy, tome Ier, 1872.

41. *Id.*, tome II, 1872.

42. *Id.*, tome III, 1874.

SOCIÉTÉ DE MÉDECINE D'ANVERS.

Aux termes de son règlement, cette Société, dont la fondation remonte à 1839, s'occupe des sciences médicales et naturelles ; elle répond aux demandes des autorités ou des particuliers sur tout ce qui concerne l'une ou l'autre de ces sciences. Elle s'occupe également des questions qui touchent aux intérêts ou à la dignité de la profession médicale.

La Société se compose d'un nombre illimité de membres titulaires, correspondants et honoraires. A l'exception des membres honoraires, nul n'est admis à faire partie de la Société, s'il n'est gradué dans l'une ou l'autre branche de l'art de guérir. Les membres titulaires acquittent une cotisation annuelle de 15 à 20 francs.

La Société publie un recueil de ses travaux sous le titre de *Annales de la Société de médecine d'Anvers*. A ce recueil est annexé un *Bulletin* consacré aux comptes-rendus des séances, aux rapports faits par ordre de la Société, etc.

Les *Annales de la Société de médecine d'Anvers* se publient, depuis 1840, en livraisons mensuelles d'au moins 56 pages in-8°, sous la direction d'un comité composé de MM. Desguin, rédacteur principal, Bessems, Kums, Mayer et Rullens.

SOCIÉTÉ DE MÉDECINE DE GAND.

—

La *Société de médecine de Gand* a été fondée en 1834, dans le double but de concourir par ses travaux aux progrès de la science et au soulagement de l'humanité.

Elle se compose de membres titulaires, de membres honoraires et de membres correspondants, régnicoles et étrangers.

Les *Annales et Bulletin de la Société de médecine de Gand*, paraissant en livraisons mensuelles, formant à la fin de chaque année un volume in-8° d'environ 1 000 pages.

La collection complète se compose jusqu'à ce jour de 51 volumes d'*Annales* et de 40 volumes de *Bulletin*.

SOCIÉTÉ DE MÉDECINE MENTALE DE BELGIQUE.

(GAND.)

—

La *Société de médecine mentale de Belgique*, fondée à Gand, en 1869, a pour but : d'améliorer le sort des aliénés par le perfectionnement des asiles et des divers modes de traitement; de développer régulièrement la législation qui concerne les malades; d'acquérir et de répandre les connaissances propres à favoriser le progrès en pathologie mentale; de veiller aux intérêts professionnels s'occupant spécialement de l'étude et du traitement des phrénopathies.

Elle se compose de membres titulaires payant une cotisation annuelle de 10 francs et de membres honoraires.

Elle rend compte de ses travaux dans un *Bulletin* in-8°, paraissant depuis 1873 à des époques indéterminées.

Du *Bulletin de la Société de médecine mentale de Belgique*, 4 numéros ont paru jusqu'ici.

SOCIÉTÉ D'ÉMULATION POUR L'HISTOIRE ET LES ANTIQUITÉS DE LA FLANDRE OCCIDENTALE.

—

Cette Société a été fondée à Bruges en 1839.

Aux termes de ses statuts, elle a pour objet :

1° La recherche, l'analyse et la publication en entier ou par extrait, dans un recueil périodique, des chartes et diplômes, des anciens titres, des cartes et plans du moyen-âge, etc., propres à éclaircir l'histoire des comtes de Flandre en particulier et celle de la Flandre occidentale en général;

2° La recherche et la publication intégrale ou par extrait, des anciennes chroniques, des mémoires ou recueils historiques, inédits ou trop peu connus;

3° La description des anciens monuments et des objets d'art de la Flandre occidentale;

4° La biographie des personnes nées dans la province et qui se sont illustrées par leurs talents, leurs productions ou leurs services.

La Société se compose : 1° de 50 membres effectifs, acquittant une rétribution annuelle de 25 francs ; 2° de membres honoraires dont le nombre ne peut excéder celui des membres effectifs.

La publication des *Annales de la Société d'émulation pour l'histoire et les antiquités de la Flandre occidentale* a commencé en 1839. La 1re série (1839-1842) comprend 4 volumes in-8° ; la 2me série (1843-1865), 13 volumes in-8° ; la 3me série, en cours de publication, compte 8 volumes. En 1870, il a été publié un volume de *tables* des deux premières séries.

La Société a publié en outre les ouvrages suivants (in-4°) :

1re SÉRIE. CHRONIQUES GÉNÉRALES DES FLANDRES.

Lettre à M. l'abbé Carton sur les généalogies des comtes de Flandre, considérées comme sources de notre histoire, par M. Bethmann. Bruges, Vande Casteele-Werbrouck, 1849.

Les chroniques des contes de Flandres. Texte du treizième siècle, publié pour la première fois d'après un manuscrit de la bibliothèque nationale à Paris. Id., 1849.

Jaerboeken van Veurne en Veurnambacht, door Pauwel Heinderycx, uitgegeven door Edmond Ronse. Veurne, J. Bonhomme ; tome I, 1853 ; tome II, 1854 ; tomes III-IV, s. d.

Chronicque de Flandres. Bruges, Vande Casteele-Werbrouck, 1864.

2me SÉRIE. CHRONIQUES GÉNÉRALES DE LA PROVINCE,

Rerum Flandricarum, tomi X, auctore Jacobo Meyero Balliolano. Brugis, Vande Casteele-Werbrouck, 1842.

Histoire de la Flandre depuis 1566 jusqu'à la paix de Munster. Ouvrage posthume de Jean Pierre Van Male, publié par l'abbé F. Van de Putte, régent du Collége épiscopal de Bruges. Bruges, id., 1842.

3me SÉRIE. CHRONIQUES DES VILLES.

Oratio in laudem urbis Brugensis, auctore G. Cassandro. Gandavi, Annoot-Braeckman, 1847.

1re SÉRIE. CHRONIQUES DES MONASTÈRES DE FLANDRE.

Cronica abbatum monasterii de Dunis, per fratrem Adrianum But. Brugis, Vande Casteele-Werbrouck, 1839.

Chronique du monastère d'Oudenburg, de l'ordre de St-Benoît, publiée pour la première fois, d'après un vieux manuscrit, avec des notes et des éclaircissements, par l'abbé J.-B. Malou. Bruges, id., 1840.

Chroniques de l'abbaye de St-Pierre, à Gand, publiées par l'abbé F. Van de Putte. Gand, Annoot-Braeckman, 1842.

Chronique du monastère d'Oudenburg, de l'ordre de St-Benoît, publiée pour la première fois d'après un manuscrit du xve siècle, par l'abbé F. Van de Putte. Gand, id., 1843.

Histoire de Notre-Dame de la Poterie. Bruges, Van de Casteele-Werbrouck, 1843.

Chronique de l'abbaye de St-André-lez-Bruges, publiée pour la première fois d'après le manuscrit de la bibliothèque de la ville de Bruges. Gand, Annoot-Braeckman, 1844.

Chroniques de l'abbaye de Ter Doest, par J. V. et C. C. Bruges, Van de Casteele-Werbrouck, 1845.

Chronicon Vormeselense, per V. C. et C. C. Brugis, C. De Moor, 1847.

Chronicon abbatiae Warnestoniensis, ordinis canonicorum regularium St-Augustini, ex actis quibusdam monasterii et ex auctoribus collectum, cura et studio duorum dioec. Brug. sacerdotum. Brugis, Van de Casteele-Werbrouck, 1852.

Chronicon monasterii Evershamensis, conscriptum per Gerardum de Meestere, ejusdem monasterii canonicum, Winnoci-Bergensem, pro gloria Dei et utilitate confratrum, 1629. Collectum cura et studio duorum dioec. Brug. sacerdotum, Brugis, id., 1852.

Chronique et cartulaire de l'abbaye de Hemelsdaele, publiés par C. C. et J. V., id., 1858.

Cronica et cartularium monasterii de Dunis, id., 1864.

L'abbaye de Nonnenbossche, de l'ordre de St-Benoît, près d'Ypres, 1101-1796, suivi du cartulaire de cette maison, par Léopold Van Hollebeke, id., 1865.

4

Histoire de l'ancien couvent des ermites de St-Augustin, à Bruges, par le R. P. Ambroise Keelhoff, augustin, id., 1869.

Cartularium. Recueil des chartes du prieuré de St-Bertin, à Poperinghe, et de ses dépendances, à Bas-Warneton et à Couckelaere, déposées aux archives de l'Etat, à Gand. Edidit J. D'Hoop, id., 1870.

Cartulaire de l'abbaye de St-Pierre de Loo, de l'ordre de St-Augustin, 1093-1794, publié par Léopold Van Hollebeke. Bruxelles, Weissenbruch, 1870.

Speculum Beatae Mariae virginis, ou chronique et cartulaire de l'abbaye de Groeninghe à Courtrai, publiés d'après les documents originaux, par le chanoine F. Van de Putte. Bruges, Van de Casteele-Werbrouck, 1872.

2me SÉRIE. CHRONIQUES GÉNÉRALES OU SPÉCIALES.

Excidium Morini oppidi quondam bellicosissimi carmine elegiaco, authore Balduino Sylvio Flandro. Brugis, Van de Casteele Werbrouck, 1847.

2me SÉRIE. CHRONIQUES DES COMTES DE FLANDRE.

Vie de Charles-le-Bon. Dissertation du docteur Wegener, traduite du danois, par un bollandiste. Bruges, Van de Casteele-Werbrouck, s. d.

3me SÉRIE. DOCUMENTS ISOLÉS, CHARTES ET KEUREN.

Collection des keuren ou statuts de tous les métiers de Bruges, publiée par le Comité-Directeur de la Société d'Émulation de Bruges, avec des notes philologiques de J. F. Willems. Gand, Annoot-Braeckman, 1842.

Elegiae Jacobi Papae Hyprensis. Edidit Jacobus Meyerus. Brugis, Van de Casteele-Werbrouck, 1847.

Mémoires de Jean de Dadizeele, souverain-bailli de Flandre, haut-bailli de Gand, capitaine-général de l'armée flamande, conseiller, chambellan et maître d'hôtel de Maximilien d'Autriche et de Marie de Bourgogne, ambassadeur en Angleterre, etc., publiés pour la première fois d'après le manuscrit original. Bruges, id., 1850.

Inventaire des chartes, bulles pontificales, priviléges et docu-
ments divers de la bibliothèque du séminaire épiscopal de Bruges.
Bruges, id., 1857.

Furor bellicus adversus Deum, sanctos ejus et maxime venera-
bilem Eucharistiam enormi duorum militum Furnis sub Galliae
rege praesidiariorum sacrilegio violatam anno Domini MDCL in
publicum datur per D. A. Destrompes, candidi ordinis in
monasterio St-Nicolai religiosum canonicum sub doctore can-
didissimo, ac sanctissimo patre Norberto, sacrosanctae ejusdem Eucharistiae strenuo quondam apud Antverpienses pro-
pugnatore. Brugis, Nicolaus Breygelius, MDCLIX. Brugis,
id., 1859.

La tryumphante et solemnelle entrée faicte sur le nouuel et
ioyeux advenement de treshault trespuissant et tresexcellent
prince Monsieur Charles prince des hespaignes archiduc daustrice
duc de bourgongne comte de Flandres etc. en sa ville de Bruges
lan mil V. C et XV le XVIII° iour dapvril après Pasques
redigee en escripte par maistre Remy du Puys son treshumble
indiciaire et historiographe. Paris, 1515. Bruges, id., s. d.

SOCIÉTÉ DES BIBLIOPHILES BELGES SÉANT A MONS.

Fondée en 1835, sous le titre de *Société des bibliophiles de*
Mons, échangé en 1856 contre celui de *Société des bibliophiles*
belges séant à Mons, elle a pour but : 1° la publication de
documents historiques ou littéraires inédits; 2° la réimpression d'opuscules d'une grande rareté, en donnant toujours la
préférence, dans l'un comme dans l'autre cas, à ce qui intéresse spécialement Mons ou le Hainaut.

La Société se compose de 25 membres payant une cotisation
annuelle de 20 francs.

PUBLICATIONS (IN-8°).

A

1. *Gouvernement du pays d'Haynnau, depuis le trépas de l'archiduc Albert, d'heureuse mémoire.* 1621. Mons, Hoyois-Derely, 1835.

2. *Rapport sur les antiquités de Mons, fait par le magistrat de cette ville à la fin du xvi⁰ siècle.* Idem, 1836.

3. *Ritmes et refrains tournésiens*, poésies couronnées par le Puy d'Escole de Rhétorique de Tournay (1477-1491), extraites d'un manuscrit de la bibliothèque publique de Tournay. Idem, 1837.

4. *La chronique du bon chevalier messire Gilles de Chin*, publiée d'après un manuscrit de la bibliothèque de Bourgogne, à Bruxelles. Idem, 1837.

5. *Vision de Tondalus*; récit mystique du xii⁰ siècle, mis en français pour la première fois par O. Delepierre. Idem, 1837.

6. *La défense de messire Antoine de Lalaing, comte de Hocstrate, baron de Borssel et de Sombref, etc., chevalier de l'ordre de la thoison d'or, contre les fausses et appostées accusations des cas contenus ès lettres patentes d'adjournement personnel impétrées à sa charge, par la jactée et subreptice Poursuite et Remonstrance, ou Requeste au Roy, du Procureur General de Crime, dit Maistre Jean du Bois.* Publiée d'après l'édition originale de 1568; augmentée de la *Correspondance inédite du Comte de Hoochstraeten avec Marguerite de Parme, lors de sa mission à Anvers*, et d'une notice historique et biographique sur ce seigneur. Mons, Hoyois-Derely, 1838.

7. *Particularités curieuses sur Jacqueline de Bavière, comtesse de Hainaut.* 1re partie. Idem, 1838. Extraites du registre n° 1 des résolutions du Conseil de la ville de Mons, de 1409-1425; avec plusieurs *fac-simile*.

8. *Le vœu du Héron*, poème publié d'après un manuscrit de la bibliothèque de Bourgogne, avec les variantes d'un autre manuscrit de la même bibliothèque et celles du texte donné par La Curne de Sainte-Palaye. Idem, 1839.

9. *Mémoires du comte de Mérode d'Ongnies*, avec une introduction et des notes. 1665. Idem, 1840.

10. *Voyages et ambassades de Messire Guillebert de Lannoy, chevalier de la Toison d'or, seigneur de Santes, Willerval, Tronchiennes, Beaumont et Wahéynies.* 1399-1450. Idem, 1840 (avec glossaire et explication de quelques noms géographiques; et carte itinéraire des voyages de Guillebert de Lannoy).

11. *Les mémoires de messire Jean, seigneur de Haynin et de Louveignies, chevalier.* 1465-1477. Mons, Emm. Hoyois, 1842, 2 volumes in-8°.

12. *Livres de la trésorerie des chartes du Hainaut.* 1435. *Inventaire des meubles de l'hôtel de Guillaume IV, duc de Bavière, à Paris.* 1409. Idem, 1842.

13. *Documents officiels inédits*, publiés d'après les originaux des archives publiques, *sur l'histoire monumentale et administrative des églises de Sainte-Waudru et de Saint-Germain, à Mons*, avec planches et notes. Idem, 1843.

14. *Tableau fidèle des troubles et révolutions arrivés en Flandre et dans ses environs, depuis 1500 jusqu'à 1585*, par Beaucourt de Noortvelde, avec une introduction et des notes par Octave Delepierre. Idem, 1845.

15. *Guerre de Jean d'Avesnes contre la ville de Valenciennes et mémoires sur l'histoire, la juridiction civile et le droit public du Hainaut, particulièrement des villes de Mons et de Valenciennes*, recueillis et publiés par A. Lacroix. Bruxelles, A. Van Dale, 1846.

16. *Annales de la province et comté du Hainaut, contenant les choses les plus remarquables advenues dans ceste province, depuis l'entrée de Jules César jusqu'à la mort de l'infante Isabelle*, par François Vinchant. Tomes I à III; Bruxelles, A. Van Dale, 1848-1849; tomes IV à VI, Mons, Emm. Hoyois, 1851-1853; avec portrait, carte et carte héraldique.

17. *Albums et œuvres poétiques de Marguerite d'Autriche, gouvernante des Pays-Bas*, publiés en entier pour la première fois d'après les manuscrits de la bibliothèque royale de Bel-

gique. Bruxelles, librairie scientifique et littéraire, 1849.

18. *Ditiers, faits et armoriés par Engherant le Franc, héraut d'armes de Valenciennes* (xve siècle), publiés par A. Lacroix. Mons, Masquillier et Lamir, 1856.

19. *Voyage de Georges Lengherand, mayeur de Mons en Hainaut, à Venise, Rome, Jérusalem, mont Sinaï et le Kayre.* 1485-1486. Avec introduction, notes, glossaire, etc., par le marquis de Godefroy Ménilglaise. Mons, Masquillier et Dequesne, 1861.

20. *Panégyriques des comtes de Hainaut et de Hollande Guillaume I et Guillaume II,* publiés par les soins de M. Ch. Potvin. Mons, Masquillier et Dequesne, 1863.

21. *Chrestien de Troyes. Perceval le Gallois,* publié d'après un manuscrit de Mons, par Ch. Potvin. Mons, Dequesne-Masquillier, 1866-1872, 6 volumes.

22. *Parties inédites de l'œuvre de Sicile, héraut d'Alphonse V, roi d'Aragon, maréchal d'armes du pays de Hainaut, auteur du blason des couleurs.* Précédées d'une lettre, en forme de préface, et d'une introduction par le père Roland, de la compagnie de Jésus. Idem, 1867.

23. *Cartulaire des rentes et cens dus au comte de Hainaut* 1265-1286, édité d'après le manuscrit original, par Léopold Devillers, archiviste de l'État à Mons. Tome Ier, Mons, Dequesne-Masquillier, 1873.

24. *Description de l'Assiette, Maison et Marquisat d'Havré,* rédigée en vers françoys, 1606. Nouvelle édition avec introduction et notes, par Ch. Rousselle; précédée d'une planche représentant le château d'Havré, d'après un dessin de Pierre Lepoivre, architecte ingénieur des archiducs Albert et Isabelle. Mons, Dequesne-Masquillier, 1874, in-8°.

B

Notice biographique littéraire sur H. Delmotte. Mons, Leroux, 1836.

Notice sur M. Ch. J. B. J. Delecourt. Mons, Emm. Hoyois, 1839.

Notice sur H. J. Hoyois. Idem, s. d.

Notice sur Aimé Leroy. Idem, 1849.

Notice sur Frédéric Auguste Ferdinand Thomas baron de Reiffenberg. Idem, 1850.

Notice nécrologique sur Camille Wins. Mons, Masquillier et Lamir, 1856.

Notice sur Emile Gachet. Mons, Masquillier et Dequesne, 1861.

Notice sur Jean Baptiste Théodore de Jonghe. Idem, 1861.

Notice nécrologique sur Nicolas François Joseph De Fuisseaux. Mons, Dequesne-Masquillier, 1866.

Notice sur Arthur Dinaux. Idem, 1866.

C

1. *Règlement de la Société des bibliophiles de Mons.* Mons, Hoyois-Derely, 1835, in-8°.

2. *Règlement de la Société des bibliophiles belges séant à Mons.* Mons, Masquillier et Lamir, 1856, in-8°.

SOCIÉTÉ DES BIBLIOPHILES DE BELGIQUE.

—

Cette Société, fondée à Bruxelles, en 1865, dans le but « de réunir en un centre commun les bibliophiles de tout le pays », se compose de 50 membres effectifs et d'un nombre illimité de membres correspondants. Elle publie annuellement un travail spécial tiré à 54 exemplaires sur papier extra, destinés aux membres effectifs et aux bibliothèques publiques de Bruxelles, Gand, Liége et Louvain. La Société décide si l'ouvrage doit être mis dans le commerce et fixe en ce cas le chiffre du tirage sur papier ordinaire et le prix du volume. La cotisation annuelle des membres est de 25 francs.

Depuis 1866, paraît sous son patronage, chez l'éditeur

F. J. Olivier, rue des Paroissiens, à Bruxelles, et par livraisons in-8°, le recueil intitulé : *Le Bibliophile belge*, qui est arrivé à son 9me volume.

Ce recueil fait suite au *Bulletin du Bibliophile belge*, fondé en 1845, par M. le baron de Reiffenberg, et continué successivement par MM. Ch. de Chenedollé, Adrien Sterckx et Auguste Scheler, jusqu'en 1865.

Les deux premières séries du *Bibliophile* comptent 21 volumes dont le dernier n'a pas été complétement achevé, plus une *Table analytique des matières traitées dans les neuf premières années* (années 1845-1854), par M. Scheler.

Publications de la Société des Bibliophiles :

1. *La justification du seigneur Richard de Mérode, seigneur de Frentzen*, touchant sa querelle avec le seigneur Don Rodrigue de Benavidès, publiée avec une introduction, par Ch. Ruelens, 1867, in-8°.

40 exemplaires ont été mis dans le commerce.

2. *Le Pas de la mort*, poème inédit, de Pierre Michault, suivi d'une traduction flamande, de Colyn Coellin, publiée avec une introduction, par Jules Petit, 1869, in-8°.

25 exemplaires ont été mis dans le commerce.

3. *Recueil de chansons*, poèmes et pièces en vers français, relatifs aux Pays-Bas, tome Ier, 1870, in-8°.

4. *Id.*, tome II, 1871.

25 exemplaires ont été mis dans le commerce.

5. *Un brief et vray récit de la prinse de Térouane et Hedin*, avec la bataille de Renti, par J. Basilic Marchet, publié avec une introduction, par L. Alvin, 1872.

6 exemplaires ont été mis dans le commerce.

6. *La Partition de l'évêché de Térouane*, 1559, 1873.

11 Exemplaires ont été mis dans le commerce.

7. *Le très-heureux voyage fait par très-haut et très-puissant*

prince Don Philippe, fils du grand empereur Charles-Quint, depuis l'Espagne jusqu'à ses domaines de la Basse-Allemagne, avec la description de tous les États de Brabant et de Flandre, par Juan Christoval Calvete de Estrella, traduit de l'espagnol, par J. Petit, tome Ier, 1873.

40 exemplaires ont été mis dans le commerce.

8. *Bref recueil du vouaige de monseigneur le comte de Nassau devers l'empereur nostre Sire et passage par Bourgogne et France*, 1533, précédé d'une notice biographique et suivi de notes explicatives, publié pour la première fois par M. le comte Maurin Nahuys.

Pas dans le commerce.

9. *Discours sur les excessives misères qu'endure le povre Pays- Bas*, par Jan Willot, 1595, avec introduction, par Ch. Rue- lens, 1874.

(Sans numéro.) *Relation de ce qui s'est passé à l'entrée des ambassedeurs anglois ès Pays-Bas* (1605), publié avec notes et introduction, par Alexandre Pinchart, 1874. Distribué aux seuls membres.

SOCIÉTÉ DES BIBLIOPHILES LIÉGEOIS.

Cette Société, fondée le 15 mars 1863, a pour objet de publier les documents, soit manuscrits, soit imprimés, mais devenus rares, concernant l'histoire politique et littéraire de l'ancien pays de Liége.

Elle se compose de 50 membres payant une cotisation an- nuelle de 25 fr.

Elle a publié les ouvrages suivants (in-8°) :

1. *Chronique des évêques de Liége*. XIIIe siècle. Publiée par Stanislas Bormans. Liége, L. Grandmont-Donders, 1864.

2. *Chronique de Mathias de Lewis*, publiée d'après un manuscrit du XIVe siècle, par Stanislas Bormans. Id., 1865.

3. *Le martyre de Saint-Eustache*, tragédie par Pierre Bello, rééditée par H. Helbig. Id., 1865.

4. *Collection de documents contemporains relatifs au meurtre de Sébastien de la Ruelle, bourgmestre de Liége*. Recueillis et publiés par Ulysse Capitaine. Tome I^r. Id., 1866.

5. *Les hommes illustres de la nation liégeoise*, par Louis Abry, édités par H. Helbig et S. Bormans. Id., 1867.

6. *Essai sur les païs de Liége et sur ses lois fondamentales*, par Michel Deschamps. Réédité par Ulysse Capitaine. Liége, L. De Thier et J. Lovinfosse, 1867.

7. *Traicté des maisons nobles du pays de Liége* par Ernest de Rye, publié par Stanislas Bormans et Eugène Poswick. Liége, L. Grandmont-Donders, 1870.

8. *Mahomet II*, tragédie par Blaise Henri, baron de Walef, publiée pour la première fois par H. Helbig. Liége, L. Grandmont-Donders, 1870.

9. *L'anarchie à Liége*. Poëme satirique en quatre chants par le baron Blaise Henri de Walef, publié pour la première fois par H. Helbig. Id., 1871.

10. *Chroniques de l'abbaye de Saint-Trond*, publiées par le chevalier Cam. de Borman. Tome Ier.

11. *Voyage de Philippe de Hurges à Liége et à Maestrect en 1615*, publié par H. Michelant. Id., 1872.

SOCIÉTÉ DES SCIENCES, DES ARTS ET DES LETTRES DU HAINAUT.

—

Cette Société, fondée à Mons, en 1833, a pour but de cultiver les sciences, les arts et les lettres, d'en répandre le goût et de contribuer à leur développement, ainsi qu'au succès de leur application.

Elle se compose de membres effectifs habitant la province de Hainaut, payant une cotisation annuelle de 15 fr., et de membres correspondants.

PUBLICATIONS (IN-8°).

1. *Anniversaire de la fondation de la Société des sciences, des arts et des lettres du Hainaut.* Mons, Hoyois-Derely, 1834. 24 p.

Deuxième anniversaire, etc. Id., 1835. 36 p.

Troisième anniversaire, etc. Id., 1836. 88 p.

Quatrième anniversaire, etc. Id., 1837. 60 p.

Cinquième anniversaire, etc. Id., 1838. 62 p.

Sixième anniversaire, etc. Mons, Emm. Hoyois id. 1839, 124 p.

Septième anniversaire, etc., Mons, Masquillier et Lamir, 1840.

2. *Bulletin de la Société,* etc. nᵒˢ 1 à 5 (1841-1844). 8 p.

3. *Mémoires et publications de la Société,* etc. 1ʳᵉ SÉRIE : I-X (1839-1852); 2ᵉ SÉRIE : I-X (1852-1865); 3ᵉ SÉRIE : I-IV (1865-1869).

Le tome Iᵉʳ de la 1ʳᵉ série des *Mémoires* porte ce titre spécial : *Faits et particularités concernant Marie de Bourgogne et Maximilien d'Autriche, du 5 janvier 1476 au 2 novembre 1477 (V. S.); avec fac-simile, appendices et notice chronologique sur les serments des souverains du Hainaut, de 1337 à 1792;* recueillis et mis en ordre par A. F. Lacroix.

SOCIÉTÉ DES ANCIENS ÉLÈVES DE L'ÉCOLE SPÉCIALE DE COMMERCE, D'INDUSTRIE ET DES MINES DU HAINAUT.

Cette Société, fondée à Mons le 25 décembre 1852, a pour but :

1° D'établir des relations plus fréquentes entre les anciens élèves de l'école susdite et de resserrer ainsi les liens d'amitié qui les unissent;

2° De propager parmi eux les découvertes et procédés utiles, et de les mettre au courant du progrès industriel ;

3° De créer des moyens d'étude de nature à éclairer, par la discussion et le travail en commun, les questions de sciences appliquées ; soit qu'elles offrent un intérêt général, soit qu'elles n'intéressent qu'un membre en particulier ;

4° De mettre à la disposition de chaque membre tout l'appui dont la Société pourra disposer. (Statuts adoptés le 27 mai 1860.)

La Société se compose de membres effectifs et de membres honoraires.

Sont membres effectifs : 1° de droit, les professeurs de l'école, à titre de membres protecteurs ; 2° les élèves diplômés de l'école. Sont membres honoraires : 1° de droit, à titre de membres protecteurs, les personnes qui ont fait partie du jury d'examen de l'école des mines ; 2° toute personne dont la demande sera appuyée par trois membres effectifs.

La Société rend compte de ses travaux dans un *Bulletin.* Les *Bulletins* parus depuis 1853 jusqu'en 1869 forment 13 vol. in-8°.

A partir de 1870 le recueil des procès-verbaux des séances porte le titre de : *Publications de la Société des anciens élèves de l'école spéciale d'industrie et des mines du Hainaut,* seconde série. Il en a paru de 1870 à 1873 cinq volumes, in-8° ; le sixième est en cours de publication.

La Société a fait paraître, en outre, un ouvrage intitulé : *Du transport mécanique de la houille.* Rapport fait à l'Institut des ingénieurs des mines du nord de l'Angleterre, par la commission chargée de l'étude de la question. Traduit de l'anglais avec l'autorisation de l'Institut par Alphonse Briart et Julien Weiler, ingénieurs civils. Mons, Hector Manceaux, 1871. In-8°.

SOCIÉTÉ ENTOMOLOGIQUE DE BELGIQUE.

Cette Société, fondée à Bruxelles en 1855, a pour but de propager dans le pays le goût des observations entomologiques et de concourir par ses travaux au développement de la science.

Elle a son siége au Musée d'histoire naturelle à Bruxelles et se compose de membres effectifs, de membres honoraires et de membres correspondants. A la fin de 1874, elle comptait 149 membres effectifs, 11 membres honoraires et 20 membres correspondants.

La rétribution annuelle imposée aux membres effectifs est de 12 fr. au moins et de 24 fr. au plus. La cotisation actuelle est de 16 fr. par an.

La Société publie chaque année un volume in-8° d'*Annales*. Elle fait paraître en outre, chaque mois, un *Bulletin* renfermant le compte-rendu de ses séances.

La collection des *Annales* et *Bulletins* réunis (1855-1874) forme 17 volumes.

SOCIÉTÉ FRANKLIN.
(LIÉGE.)

La *Société Franklin* a été fondée par quelques jeunes gens de Liége, dans le but d'instruire et de moraliser les classes ouvrières. La Société ne possède ni statuts, ni règlements, il n'y a que des traditions. Voici toute son organisation : La

Société est composée de 60 membres effectifs, qui se recrutent eux-mêmes et sont appelés à résoudre, en assemblée générale, toutes les questions qui peuvent se présenter, et d'un nombre illimité de membres honoraires qui subviennent aux besoins de la Société par des cotisations annuelles dont ils fixent eux-mêmes le montant, mais qui ne peuvent être inférieures à cinq francs.

Les membres effectifs qui s'imposent aussi une cotisation annuelle, sont seuls chargés de l'administration de la Société. Chaque année, au mois d'octobre, ils se répartissent en six comités de dix membres. Ces six comités doivent pourvoir, chacun pendant un mois, à l'organisation des séances populaires de littérature, de science et de musique, que la Société organise tous les dimanches après midi, du 1er novembre au 30 avril.

C'est le 15 janvier 1866 qu'eut lieu la première séance populaire du dimanche.

Au mois de novembre 1866 la *Société Franklin* organisa, indépendamment de ses séances hebdomadaires, et pendant les mêmes mois d'hiver, des cours publics et gratuits dans lesquels des membres effectifs de la Société enseignent d'une façon toute élémentaire l'économie politique, le droit constitutionnel, l'histoire, la géographie, la physique, l'hygiène, l'astronomie, la géologie, le droit civil, etc. Ces cours ont lieu tous les soirs de 8 à 9 heures.

A la fin de l'année 1866 la *Société* a publié le premier *Almanach Franklin*. Cet almanach forme une petite brochure, in-32 de 128 pages, qui se vend 20 centimes l'exemplaire. La première année il fut tiré à 7,000 exemplaires et ce nombre n'a cessé d'augmenter d'année en année; aussi le tirage de l'année 1874 a été de 12,000 exemplaires.

Le 1er janvier 1867, la *Société Franklin* fondait le *Journal Franklin*, qui se publie chaque dimanche et est rédigé par un comité composé de membres effectifs de la Société. Le nombre des abonnés du *Journal Franklin* est actuellement de 1100 environ; le prix de l'abonnement est de 5 fr. par an, le port compris.

Indépendamment de ces travaux permanents, la *Société Franklin* a patronné diverses œuvres, et organisé différentes collectes publiques, notamment lors de l'invasion du choléra en 1866 et lors de la guerre franco-allemande. Le 26 avril 1874 elle a aussi organisé dans les rues de Liége une grande collecte de livres et d'argent en faveur des bibliothèques populaires. La *Société Franklin* a également organisé des concours de poésie populaire et des concours dramatiques.

SOCIÉTÉ HISTORIQUE, ARCHÉOLOGIQUE ET LITTÉRAIRE DE LA VILLE D'YPRES ET DE L'ANCIENNE WEST-FLANDRE.

Cette Société a été fondée à Ypres, le 17 février 1861.

Elle a pour but l'étude, la publication, la conservation des diplômes, chartes et autres pièces relatives à l'histoire de la West-Flandre en général et de la ville d'Ypres en particulier, et la description des œuvres d'art, des monuments etc. que possède l'ancienne West-Flandre.

Elle se compose de membres actifs et de membres associés, soumis les uns et les autres à une cotisation annuelle de 8 fr.; de membres correspondants et de membres honoraires. Le nombre de membres de chaque catégorie est illimité.

La Société publie des *Annales*, dont le tome Ier a paru en 1861, le t. II en 1862, le t. III en 1864, le t. IV en 1869, le t. V en 1872.

SOCIÉTÉ HISTORIQUE ET LITTÉRAIRE DE TOURNAI.

—

Cette Société a été fondée en 1846.

Ses travaux embrassent l'archéologie proprement dite, la numismatique, la paléographie, la diplomatique, la topographie, l'histoire, la biographie, la philologie, l'ethnographie et la bibliographie.

Elle se compose de membres titulaires, résidant à Tournai ou dans les environs, et payant 25 fr. par an, et de membres honoraires, en nombre illimité.

La Société publie des *Bulletins* rendant compte de ses travaux, et des *Mémoires*.

La collection des *Bulletins de la Société historique et littéraire de Tournai* forme 13 volumes in-8° (1849-1869).

Celle des *Mémoires* comprend 10 volumes in-8° (Tournai, Malo et Levasseur). 1053-1971. Trois volumes de la collection des *Mémoires* portent des titres spéciaux, savoir:

Tome VII. *Extraits analitiques des anciens régistres des consaux de la ville de Tournai* (1395-1422) suivis d'une *analyse des documents concernant le magistrat de 1211 à 1400*, publiés par H. Van den Broeck. Tome IX. *Des anciennes lois criminelles en usage dans la ville de Tournai et principalement des condamnations à mort depuis l'année 1313 jusqu'au mois de juillet 1553*, par le Cte G. de Nédonchel.

Tome X. La magistrature tournaisienne (1179-1771), suivie de la liste alphabétique des magistrats communaux depuis la réforme de la loi par Charles-Quint, en 1522, par H. Van den Broeck.

SOCIÉTÉ INDUSTRIELLE ET COMMERCIALE DE VERVIERS.

Le but de cette Société, fondée en juillet 1863, est « la recherche et la diffusion des moyens de développement et de progrès des industries et du commerce de l'arrondissement de Verviers, et la propagation de l'économie et de l'instruction, dans la classe ouvrière, par l'amour du travail. »

Elle se compose de membres effectifs, de membres temporaires, de membres honoraires et de membres correspondants.

Les membres effectifs paient un droit d'entrée de 50 francs et une cotisation annuelle de 50 francs. Les membres temporaires (fils non patentés de sociétaires, de l'âge de 21 à 25 ans, habitants de communes en dehors de l'arrondissement, étrangers résidant dans l'arrondissement), ne paient que l'annuité, laquelle est réduite de moitié pour les fils de sociétaires.

La Société rend compte de ses travaux dans un recueil intitulé : *Bulletin de la Société industrielle et commerciale de Verviers*, qui se publie à des époques indéterminées.

SOCIÉTÉ LIBRE D'ÉMULATION DE LIÉGE

(LIÉGE.)

—

Cette Société dont la fondation remonte au mois d'avril 1779, a pour but de cultiver et d'encourager les lettres, les sciences et les arts.

Elle est divisée en quatre comités, savoir :

1. Le comité de littérature et des beaux-arts,
2. Le comité des sciences physiques et mathématiques,
3. Le comité des arts et manufactures,
4. Le comité d'agriculture et d'économie rurale.

Elle se compose de membres résidants payant une cotisation annuelle de 35 fr., de membres correspondants et de membres honoraires.

Les publications de la *Société libre d'émulation de Liége* consistent en un *Almanach* pour les années 1783 à 1787 et 1789, ens. 6 vol. in-18, et en un *Annuaire* pour les années 1856 à 1867, 12 vol. in-18.

SOCIÉTÉ LIÉGEOISE DE LITTÉRATURE WALLONNE.

—

Cette Société a été fondée en 1856, à Liége, dans le but d'encourager les productions en wallon liégeois, de propager les bons chants populaires, de conserver sa pureté au wallon liégeois, d'en fixer autant que possible l'orthographe et les règles, et d'en montrer les rapports avec les autres branches de la langue romane.

Elle se compose de membres honoraires, de membres titulaires (au nombre de 30, payant une cotisation annuelle de 10 francs), de membres adjoints (payant 5 francs par an) et de membres correspondants en nombre illimité.

PUBLICATIONS.

Bulletin de la Société liégoise de littérature wallonne, in-8°. Liége, Carmanne, tome I-XII (1857-1868). Le tome XII n'a été publié qu'en 1871.

Annuaire de la Société, etc., in-8°. Liége, Carmanne, 7 années (1863-1864, 1867-1869, 1871-1872).

Discours prononcé par M. Adolphe Picard, au nom du bureau dans la Société liégeoise de littérature wallonne, dans la séance du 24 juin 1859, à l'occasion de la distribution des médailles aux lauréats des concours de 1858, in-16. Liége, 1859.

Compte rendu des travaux de la Société liégeoise de littérature wallonne en 1859, présenté le 16 juillet 1860, à la réunion générale, par M. L. Micheels, vice-président de la Société, in-16. Liége, 1860.

Dictionnaire des spots ou proverbes wallons, par Joseph Dejardin. Ouvrage couronné par la Société liégeoise de littérature wallonne; contenant intégralement, outre le mémoire qui a obtenu le prix extraordinaire, les travaux de MM. Defrecheux, Delarge et Alexandre; revu, coordonné et considérablement augmenté, par J. Dejardin, Alphonse Le Roy et Ad. Picard; précédé d'une étude sur les proverbes, par J. Stecher, in-8°. Liége, F. Renard, 1863.

SOCIÉTÉ LITTÉRAIRE DE COURTRAI.

Aux termes de son règlement, arrêté le 29 décembre 1863, cette Société a pour but de répandre le goût des sciences et des arts.

Elle se compose de membres fondateurs, au nombre de vingt, de membres actifs, honoraires et correspondants, en nombre illimité. La cotisation annuelle est de 12 francs.

La Société rend compte de ses travaux dans un rapport annuel.

SOCIÉTÉ LITTÉRAIRE DE L'UNIVERSITÉ CATHOLIQUE.

—

La Société littéraire de l'Université catholique a été fondée en 1839. Elle a son siége à Louvain. Elle a pour but de fournir à ses membres l'occasion de s'occuper de discussions scientifiques et des travaux littéraires.

Elle se compose de quatre catégories de membres, savoir :

1° De membres actifs, pris parmi les professeurs et les étudiants de l'Université ; 2° de membres assistants ; 3° de membres honoraires ; 4° de membres protecteurs.

La Société publie, à des époques indéterminées, les meilleurs travaux qui lui sont présentés. De 1841 à 1872, elle a fait paraître 11 volumes sous ce titre : *Société littéraire de l'Université catholique. Choix de mémoires.*

Il a été en outre publié en 1859, un supplément au tome VII, contenant le procès-verbal de la séance solennelle donnée le 27 novembre 1859, à l'occasion du 25e anniversaire de la fondation de l'Université catholique.

Le secrétaire présente tous les ans un rapport sur les travaux de la Société pendant la période écoulée : ce rapport est inséré dans l'annuaire de l'Université catholique.

SOCIÉTÉ MALACOLOGIQUE DE BELGIQUE.

La *Société malacologique de Belgique*, fondée le 1er janvier 1863, à Bruxelles, a pour but de propager le goût des études malacologiques, d'en faire apprécier l'utilité et de concourir aux progrès de la science en formant des collections et une bibliothèque, et en publiant des *Annales*.

La Société a son siége à Bruxelles. Elle est composée d'un nombre illimité de membres effectifs payant une cotisation annuelle de 12 à 24 francs. Le diplôme de membre honoraire ou de membre correspondant est décerné aux personnes qui ont rendu ou peuvent rendre des services à la Société.

Les *Annales de la Société malacologique de Belgique* se composent de deux parties. La première comprend les *Mémoires*, la seconde le *Bulletin des séances, de la Bibliothèque et des collections scientifiques*.

Il a paru des *Annales*, 9 volumes (1863-1874), in-8°. Bruxelles, Nys.

Depuis 1872, la Société publie en outre, mensuellement, le *Procès-verbal des séances.*

SOCIÉTÉ PALÉONTOLOGIQUE DE BELGIQUE.

(ANVERS.)

Cette Société, fondée à Anvers, en 1857, a pour objet principal de « concourir au progrès de la connaissance des êtres et des débris organiques fossiles qui peuvent se rencontrer dans le sol de la Belgique, de former une collection de tout ce qu'il renferme et de ce qui peut en outre, en fait de production des autres pays, servir de point de comparaison et être utile aux arts industriels et à l'agriculture ».

La Société se compose d'un nombre illimité de membres effectifs, payant une cotisation annuelle de 12 francs.

Elle rend compte de ses travaux dans un *Bulletin* dont il a paru (de 1858 à 1862) 8 feuilles in-8°. Anvers, Th. Hamilton; id., veuve Schotmans.

SOCIÉTÉ PALÉONTOLOGIQUE ET ARCHÉOLOGIQUE DE L'ARRONDISSEMENT ADMINISTRATIF DE CHARLEROI.

Cette Société a été fondée en 1863.

Il est rendu compte de ses travaux dans un recueil intitulé : *Documents et rapports de la Société paléontologique et archéologique de l'arrondissement administratif de Charleroi.* Ce recueil forme aujourd'hui 6 volumes in-8°; le premier a paru en 1866, à Charleroi, chez Louis Delacre; les cinq autres ont été publiés successivement en 1868, en 1870, en 1871, en 1872 et en 1873, à Mons, chez Hector Manceaux. Un septième est sous presse.

Depuis quelques années surtout, cette Société a fait de notables progrès. Elle est aujourd'hui des plus prospères et compte plus de 350 membres. Les efforts du président actuel, M. D. A. Van Bastelaer, sont parvenus à amener la création d'un musée public, par l'administration communale, de commun accord avec la Société. La ville va commencer les constructions nécessaires pour cette institution.

SOCIÉTÉ ROYALE DE BOTANIQUE DE BELGIQUE.

Fondée le 1er juin 1862, à Bruxelles, où elle a son siége, cette Société s'occupe de toutes les branches de l'histoire naturelle des végétaux. Son but étant surtout de rassembler et d'étudier les matériaux de la flore du pays, elle forme à cet effet des collections botaniques.

La Société se compose de membres effectifs payant une cotisation annuelle de 10 francs, et de membres associés.

Elle rend compte de ses travaux dans un *Bulletin* (in-8°), publié par fascicules formant un volume par an. La collection comprend aujourd'hui 13 volumes (1862-1874).

SOCIÉTÉ ROYALE DE NUMISMATIQUE.

Cette Société, fondée en 1841, sous le titre de *Société de la numismatique belge*, reçut en 1866, à l'occasion du 25me anniversaire de sa fondation, le titre qu'elle porte aujourd'hui.

Elle a pour but général les progrès de la science numismatique, et pout but spécial la publication de travaux relatifs à la numismatique et à l'archéologie sigillaire ou épigraphique.

Elle a son siége à Bruxelles et se compose :

1° De 35 membres effectifs; 2° de 25 membres honoraires; 3° de 10 correspondant régnicoles et 4° d'un nombre illimité d'associés étrangers.

La *Société royale de numismatique* publie la *Revue de la numismatique belge*, dont il paraît une livraison tous les trois mois. La collection complète comprend aujourd'hui 30 volumes. Deux tables onomastiques ont été publiées séparément, l'une pour les tomes I à XII, l'autre pour les tomes XIII à XXIV.

La Société a fait, en outre, frapper les médailles suivantes :

1. Une grande médaille servant de diplôme pour les membres honoraires et les membres effectifs;

2. Une médaille en l'honneur de Joachim Lelewel, président honoraire à vie de la Société;

3. Une médaille offerte à M. R. Chalon, président, lors de la célébration du 25me anniversaire de la Société;

4. Une médaille offerte à M. Van den Broeck, trésorier, en reconnaissance de son zèle et de son dévouement à la Société;

5. Un jeton de présence, avec la tête de Goltzius;

6. Un jeton de présence, avec la tête de Van Berckel;

7. Un jeton de présence, avec la tête de F. Mieris.

8. Une médaille offerte au comte Nahuys, à Wiesbaden, pendant sa grave maladie;

9. Une petite médaille-diplôme pour les correspondants et les associés étrangers;

10. Une grande médaille faite à l'occasion de la 25me élection de M. Chalon, à la présidence, le 6 juillet 1873;

11. Une *idem*, offerte par la colonie belge des Numismates, à Paris;

12. Une autre, *idem*, par les membres néerlandais de la Société.

SOCIÉTÉ ROYALE DES BEAUX-ARTS ET DE LITTÉRA-TURE DE GAND.

Fondée le 27 septembre 1808, par huit artistes, architectes et sculpteurs, se donnant pour but « le progrès des arts et l'encouragement des artistes ». Ayant pris de l'extension, elle fit exécuter des œuvres d'art, institua des concours et organisa des expositions.

Divisée d'abord en quatre classes, peinture, sculpture, architecture, gravure et dessin, elle y ajouta, en 1812, une classe de musique, et en 1814, une classe de littérature.

En 1844, elle commença à publier des *Annales*, renfermant des articles littéraires de tout genre, travaux des membres, pièces couronnées aux concours, etc. Le tome XII, le dernier paru, porte les dates 1869 à 1871.

L'histoire des opérations de la Société se trouve dans le tome VII et dans les rapports triennaux du Secrétaire.

SOCIÉTÉ ROYALE DE PHARMACIE DE BRUXELLES.

Cette Société, fondée en 1856, a pour but :

1° D'établir des liens de confraternité entre les pharmaciens nationaux et d'augmenter leurs bons rapports avec les pharmaciens étrangers;

2° De provoquer la répression du charlatanisme et des abus qui peuvent se commettre dans l'exercice de la pharmacie;

3° De veiller aux intérêts professionnels;

4° De travailler aux progrès de l'art pharmaceutique et des sciences qui s'y rattachent.

Elle se compose de membres effectifs payant annuellement une somme ne pouvant dépasser 12 francs ; de membres honoraires, d'associés ou de correspondants.

Elle publie un recueil périodique sous le titre de *Bulletin de la Société royale de pharmacie de Bruxelles*, contenant les actes de la Société, les travaux de ses membres, ceux des personnes étrangères à la Société et les œuvres scientifiques les plus importantes du pays et de l'étranger.

Ce *Bulletin* se publie, depuis 1857, en livraisons mensuelles de 32 pages in-8° (Bruxelles, Jules Combe, éditeur, 15, Vieille-Halle-aux-Blés). Le prix de l'abonnement annuel est de 4 francs.

SOCIÉTÉ ROYALE DES SCIENCES DE LIÉGE.

Cette Société a été fondée en 1835. Ses travaux embrassent toutes les branches des sciences physiques, mathématiques et naturelles, considérées sous le double point de vue théorique et pratique. Elle est divisée en deux sections, l'une des *sciences d'observation*, l'autre des *sciences de calcul*. Elle se compose de membres effectifs qui ne peuvent être choisis hors de la province de Liége et payant une cotisation annuelle de 20 francs ; de membres correspondants régnicoles et étrangers.

La Société publie des *Mémoires* (in-8°) dont la *première série* comprend 20 volumes (1843-1866) ; de la *seconde série*, 1 volume a été publié en 1866.

SOCIÉTÉ ROYALE DES SCIENCES MÉDICALES ET NATURELLES DE BRUXELLES.

—

Cette Société, dont la constitution remonte à l'année 1822, a pour but de concourir, par ses travaux, aux progrès des sciences médicales et naturelles.

Elle est divisée en deux sections, comprenant : l'une les sciences médicales, l'autre les sciences physiques.

La Société se compose de 30 membres titulaires ayant leur domicile fixe à Bruxelles ou dans la banlieue et payant, lors de leur admission, une somme de 24 francs; d'un nombre indéterminé de membres honoraires et de membres correspondants.

Elle publie les journaux dont voici les titres :

. 1. *Journal de médecine, de chirurgie et de pharmacologie*. Bruxelles, H. Manceaux. Il se publie par livraisons mensuelles formant de 1843 à 1848 un volume par an et depuis 1849 deux volumes de plus de 600 pages chacun. 59 volumes ont paru. Le prix de l'abonnement est de 10 francs par an.

2. *Journal de pharmacologie*. Bruxelles, H. Manceaux. Paraît depuis 1845, en livraisons mensuelles de 48 pages in-8°. Prix de l'abonnement : 4 francs par an.

SOCIÉTÉ ROYALE LINNÉENNE DE BRUXELLES.

—

La *Société royale linnéenne de Bruxelles*, fondée en 1835, a pour but de concourir au progrès de l'horticulture et de l'agriculture. A cet effet, elle organise des expositions, des conférences et des herborisations.

Elle se compose de membres effectifs payant une contribution annuelle de 5 francs, de membres honoraires et de membres correspondants. Le nombre en est illimité.

Le titre de membre honoraire se confère aux personnes qui, par leurs connaissances ou par leur position sociale, peuvent contribuer à la prospérité de la Société.

Les membres correspondants sont choisis parmi les personnes étrangères à l'arrondissement de Bruxelles, qui se sont fait connaître par des travaux sur l'horticulture ou l'agriculture.

Depuis 1872, la *Société royale linnéenne de Bruxelles* publie un *Bulletin*, dont la rédaction est confiée à M. L. Piré ; il en paraît tous les deux mois une livraison de 16 pages in-8º.

SOCIÉTÉ ROYALE PROTECTRICE DES ANIMAUX.

—

La *Société royale protectrice des animaux* a été fondée à Bruxelles, en 1863, par l'initiative du lieutenant général comte Du Val de Beaulieu et de M. Fleulard. Placée sous le haut patronage du Roi, elle a pour président d'honneur S. A. R. le comte de Flandre.

Elle a pour objet l'amélioration du sort des animaux.

Elle se compose : 1º de membres titulaires annuels ou à vie, acquittant une cotisation annuelle de 10 francs ou une somme de 100 francs, une fois payée; 2º de membres honoraires, choisis parmi les personnes qui, par leur travaux ou leurs services, concourent à l'œuvre de la Société ; 3° de membres protecteurs et de dames patronesses.

Elle publie un *Bulletin* mensuel contenant les procès-verbaux de ses séances, les communications et documents adressés à la Société, les discussions auxquelles se livre son Conseil d'administration et les décisions qu'il prend ; la liste des récompenses décernées par la Société ; le relevé des condamnations prononcées du chef de mauvais traitements envers les animaux ; des articles d'histoire naturelle, etc.

La collection du *Bulletin de la Société royale protectrice des animaux* se compose actuellement de 12 volumes in-8° ; le 13me est en cours de publication.

Les publications de la Société et celles faites sous son patronage comprennent, en outre, les ouvrages suivants :

1. *Le petit protecteur des animaux*. Livre de lecture à l'usage des élèves des écoles primaires, par A. De Bruyn, instituteur communal, à Herck-la-Ville. Bruxelles, Landrien, frères et sœurs, 1865, in-16.

2. *Monsieur Lesage* ou entretiens d'un instituteur avec ses élèves, sur les animaux utiles, par L. A. Bourguin (édition belge). Bruxelles et Mons, H. Manceaux, 1865, in-12.

3. *Manuel populaire* sur les soins à donner aux chevaux, ânes et mulets, employés au travail dans les champs ou dans l'industrie, par Modeste Foelen, médecin vétérinaire du Gouvernement, à Saint-Trond. Bruxelles, H. Manceaux, 1867, in-12.

4. *Manuel populaire* sur les soins à donner aux races ovine, bovine et porcine, par Eug. Van Berghem, inspecteur de la voirie vicinale à Willebroek (Anvers). Bruxelles, H. Manceaux, 1867, in-12.

5. *Humanité et barbarie*. Album populaire de 12 planches, composées et gravées par Antonin Goyers. 1 volume grand in-folio oblong.

6. *Les dimanches de ma tante Émélie*. Livre de lecture courante pour les élèves des deux sexes, par Aug. Humbert. Paris, Célestin Gauguet, 1865, in-12.

7. *Conseils en action donnés aux cochers et aux charretiers*, par M. de Beaupré, avocat, édition belge, revue par l'auteur. Bruxelles, 1869, in-8°.

8. *De menschen en de dieren*, door Mev. Sophia ***. Gent, Willem Rogghé, 1869, in-8°.

9. *Balderik, de dierenplager*. Leesboek voor de hoogste klasse eener lagere school en voor volwassenen, door Aug. Rutten, onderwijzer te Goidsenhoven. Thienen, P. J. Stevens, 1869, in-12.

10. *Cinq jours de vacances*, par Gust. Sluse, professeur au collége communal de Nivelles, 1872, in-12.

11. *De Koe*. Verhaal voor kinderen, door E. Ternest. Gent, H. en J. Van der Poorten, 1872, in-12.

12. *Het boekje van de koe*. Een geschenk voor brave kinderen, door J. A. Torfs, onderwijzer te Leuven. Leuven, K. Peeters, 1872, in-16.

13. *Un présent du Ciel*, par Alfred Destexhe, instituteur à Modave. Liége, H. Dessain, 1872, in-12.

SOCIÉTÉ SCIENTIFIQUE ET LITTÉRAIRE DU LIMBOURG.

(TONGRES.)

Cette Société, fondée en 1851, à Tongres, où elle a son siége, a pour objet de sauver de la destruction les choses du passé et de réunir dans son musée les médailles, chartes, manuscrits, ustensiles, armes, meubles, pierres commémoratives, etc., qui peuvent avoir trait à notre histoire en général et particulièrement à l'histoire de la ville de Tongres, de la province de Limbourg et de l'ancienne principauté de Liége.

Elle se compose de membres effectifs, de membres correspondants et de membres honoraires.

La collection du *Bulletin* publié par elle comprend aujourd'hui 12 volumes in-8°.

TAAL- EN LETTERKUNDIG STUDENTEN- GENOOTSCHAP « MET TIJD EN VLIJT ».

—

La Société *Met Tijd en Vlijt* a été fondée en 1836, par feu J. A. E. Van Straelen, parmi ses condisciples de l'Université catholique de Louvain. Elle est placée sous la protection de cette Université. Le recteur magnifique en est de droit président d'honneur et c'est à lui qu'appartient la nomination du président effectif.

La Société a pour but la culture et la propagation de la langue et de la littérature néerlandaises, et le maintien de leurs droits.

Elle se compose de membres effectifs, de membres assistants, de membres honoraires et de membres correspondants.

Les membres effectifs et les membres assistants, tous professeurs, étudiants ou anciens étudiants de l'Université catholique, tiennent des séances semi-mensuelles, le dimanche matin, pendant tout le cours de l'année académique, et des séances hebdomadaires, le mercredi soir, depuis le mois d'octobre jusqu'aux vacances de Pâques. Dans les séances semi-mensuelles les membres délibèrent et votent sur les questions à l'ordre du jour, qui intéressent la Société, et ils donnent lecture de travaux littéraires de leur composition, ou ils discutent, au point de vue littéraire, les travaux lus dans la séance précédente. Les séances hebdomadaires sont consacrées à la lecture et à la discussion de travaux de science, de philosophie, d'histoire, etc.

Le titre de membre honoraire est décerné aux personnes qui, par leur concours, désirent soutenir la Société.

Le titre de membre correspondant est accordé aux anciens membres actifs et aux personnes ayant rendu des services à la langue et à la littérature néerlandaises.

La Société *Met Tijd en Vlijt* publie tous les ans un compte-rendu de ses travaux pendant l'année écoulée. Ce compte-rendu est distribué aux membres. Elle publie en outre, à des époques indéterminées, des recueils de mémoires.

La liste des publications de la Société comprend les ouvrages suivants :

1. *Lettervruchten van het Leuvensch genootschap met Tijd en Vlijt.* I Dichtstukken, Antwerpen, J. E. Buschmann, 1845, 1 vol. 204 p. in-8°, II Prozastukken, id., 1846, 1 vol, 328 p. in-8°.

2. *Lettervruchten van het taal- en letterlievend studenten- genootschap Met Tijd en Vlijt.* Leuven, gebroeders Van Linthout, 1863, 1 vol. 310 p. in-8°.

3. *Id.,* ib., 1870, 1 vol. 92 p. in-8°.

4. *Id.,* ib., 1874, 1 vol. 250 p. in-8°.

5. *Algemeen Vlaamsch Idioticon,* bewerkt door L. W. Schuermans, pr., met de medehulp van P. Du Bois, pr., en J. Lambrechts, st. Leuven, gebroeders Van Linthout, 1865-1870, 1 vol. 902 p. in-8°.

6. *Hulde aan de nagedachtenis van J. B. David.* Leuven, gebroeders Van Linthout, 1867, 1 vol. 108 p. in-8°.

7. *Redevoering over David,* uitgesproken bij de plechtige onthulling van Davids borstbeeld, den 16 December 1866, door

P. J. H. Willems, hoogleeraar. Leuven, Gebroeders Van Linthout, 1867, 44 p. in-8°.

8. *Nederlandsche gedichten met taal-en letterkundige aantee-
keningen van wijlen J. B. David*, uitgegeven door P. J. H. Willems,
met eene voorrede des uitgevers. Leuven, Gebroeders Van
Linthout, 1869, 1 vol., LII-532 p., in-8°.

TAALMINNEND STUDENTEN-GENOOTSCHAP ONDER
KENSPREUK *'T ZAL WEL GAAN.*
(GAND.)

Ce Cercle, constitué à Gand, le 21 février 1852, publie un
Annuaire renfermant diverses notices relatives à l'université
de cette ville et des mélanges littéraires. Le premier de ces
annuaires a paru à la fin de 1853, sous le titre de *Jaarboeksken
voor 1854*. Gand, in-8°. Depuis 1855, il porte le titre de
Studenten-Almanak. Il n'en a pas été publié pour les années
1858, 1859 et 1860.

Le *Taalminnend Studenten-Genootschap onder kenspreuk
't zal wel gaan* a fait paraître en 1856 le tome I de *Noord en
Zuid, akademische Mengelingen*. Gand, in-16, W. Rogghé; le
tome II de cet ouvrage a été publié en 1858 par le *Taalminnend Studenten-Genootschap onder kenspreuk : Schild en
Vriend*. Bruxelles, in-16, F. van Meenen.

UNION DES CHARBONNAGES, MINES ET USINES MÉTALLURGIQUES DE LA PROVINCE DE LIÉGE.

—

Cette Association, créée pour la défense des intérêts économiques de l'industrie du bassin de Liége, publie depuis 1869 un *Bulletin* mensuel in-8°. Le prix de l'abonnement à ce *Bulletin* est de 5 fr. l'an.

WILLEMS-FONDS.

—

Le *Willems-Fonds*, ainsi nommé en l'honneur de l'illustre philologue flamand J. F. Willems, a été fondé à Gand, le 23 février 1851.

Aux termes de ses statuts, il a pour objet d'encourager l'étude et l'usage de la langue néerlandaise, de prendre à cœur tout ce qui peut contribuer au développement intellectuel et moral des populations flamandes et de fortifier ainsi l'esprit national en Belgique.

Il se compose de souscripteurs acquittant une cotisation annuelle dont le minimum est fixé à 6 francs. A la fin de l'année sociale 1873, le *Willems-Fonds* comptait 1,354 souscripteurs, dont 133 en Hollande, 1 en Allemagne et 3 en France.

Le *Willems-Fonds* dirigé par un Conseil général composé de 15 souscripteurs habitant Gand, a son siége dans cette ville. Des cercles locaux ont été constitués à Gand, à Anvers, à Lierre, à Bruges, à Bruxelles et à Malines.

Cette Association a publié et distribué à ses souscripteurs les ouvrages suivants :

1. F. A. Snellaert. *Vlaemsche bibliographie*, 1851.

2. Ed. Campens. *Leerboek der scheikunde*, 1852.

3. J. J. Steyaert. *Beknopte verhandeling over de voornaemste nyverheidstakken in Vlaenderen*, 1852.

4. F. A. Snellaert. *Oude en nieuwe liedjes*, 1852.

5. P. Bogaert. *Toegepaste spreekwoorden*, 1852.

6. *Volks-Almanak voor* 1853.

7. P. Geiregat. *Verhalen voor kinderen*, 1853.

8. Ed. Campens. *De Gentsche diergaerde*, 1853.

9. Eug. Zetternam. *Handboek voor huis-en meubelschilders, vergulders enz.*, 1853.

10. *Volks-Almanak voor* 1854.

11. P. Geiregat. *Verhalen voor jonge lieden*, 1854.

12. L. Van de Walle. *Schets van Belgiës toestand*, 1854.

13. P. F. Van Kerckhoven. *Volksliedjes*, 1854.

14. *Volks-Almanak voor* 1855.

15. Ad. Sunaert. *Doorzichtkunde of perspectief*, 1855.

16. *Volks-Almanak voor* 1856.

17. *Kleine Volks-Almanak voor* 1856.

18. Eug. Zetternam. *Bedenkingen op de Nederlandsche schilderschool*, 1855.

19. *Liedjesboek voor* 1856.

20. C. A. Fredericq. *Inleiding tot de kruidkunde*, 1856.

21. C. Hansen. *Lofspraek op A. Van Dyck*, 1856.

22. *Volks-Almanak voor* 1857.

23. L. Van Ruckelingen. *Vlaemsche beweging : bediedenis, doel, invloed, toekomst*, 1857.

24. Ed. Campens. *De natuerkunde in de volksscholen*, 1857.

25. Mev. Goutier. *Over de welvoegelykheid*, 1857.

26. F. A. Snellaert. *Vlaemsche bibliographie*, 1857.

27. P. Geiregat. *Verhalen voor kinderen.* 2e uitgave, 1857.

28. *Liedjesboek voor* 1858.

29. *Volks-Almanak voor* 1858.

30. *Volks-Almanak voor* 1859.

31. *Liedjesboek voor* 1859.

32. J. F. J. Heremans. *Nederlandsche dichterhalle.* 1e deel, 1858; 2e deel, 1864.

33. *Volks-Almanak voor* 1860.

34. *Liedjesboek voor* 1860.

35. *Volks-Almanak voor* 1861.

36. C. L. Ternest. *Beknopte uitspraekleer der Nederduitsche tael,* 1860.

37. *Liedjesboek voor* 1861.

38. *Volks-Almanak voor* 1862.

39. *Liedjesboek voor* 1862.

40. *Het Vlaemsch in de kamer der volksvertegenwoordigers,* 1862.

41. Dr. Hufeland. *Goede raad aan moeders,* 1862.

42. *Volks-Almanak voor* 1863.

43. *Volks-Almanak voor* 1864.

44. *Volks-Almanak voor* 1865.

45. O. Hübner et K. Le Hardy de Beaulieu. *De kleine ekonomist,* 1864.

46. F. A. Snellaert. *Oude en nieuwe liedjes.* 2^e uitgave, 1864.

47. *Volks-Almanak voor* 1866.

48. J. Vuylsteke. *Korte statistieke beschrijving van België,* 1865-1866.

49. S. Smiles. *Help u zelf,* 1866.

50-51. Em. de Laveleye. *De landbouwkunst in de Nederlanden.* 2 deelen, 1866-67.

52. *Volks-Almanak voor* 1867.

53. G. Rolin-Jacquemijns. *Voordrachten over de Grondwet,* 1867.

54. Fr. De Potter. *Vlaamsche bibliographie.* 2^e deel, 1867.

55. *Volks-Almanak voor* 1868.

56. P. Geiregat. *Verhalen voor jonge lieden.* 2^e uitgave, 1868.

57. C. A. Fredericq. *Handboek van gezondheidsleer,* 1868.

58. *Samenspraken over het sparen,* 1868.

59. Fr. De Potter. *Vlaamsche bibliographie.* 3^e deel, 1868.

60. *Jaarboek voor* 1869.

61. Mev. Sophia ***. *De menschen en de dieren,* 1869.

62. O. Hübner en K. Le Hardy de Beaulieu. *De kleine ekonomist.* 2^e uitgave, 1869.

63. Edw. Campens. *Schetsen uit het dierenrijk*, 1869.

64. *Jaarboek voor* 1870.

65. John St. Mill. *Over vrijheid*, 1870.

66. F. A. Boone. *De tooverdrank*, 1870.

67. *Jaarboek voor* 1871.

68. G. Rolin-Jacquemijns. *Voordrachten over de Grondwet.* 2e uitgave, 1871.

69. J. O. De Vigne. *Kiezershandboek*, 1871.

70. *Jaarboek voor* 1872.

71. K. L. Ternest. *Uitspraakleer der Nederlandsche taal.* 2e uitgave, 1872.

72. J. O. De Vigne. *Belgisch kieswetboek*, 1872.

73. *Jaarboek voor* 1873.

74. Max Rooses. *Keus uit de dicht-en prozawerken van Jan Frans Willems.* 2 deelen, 1873.

75. *Jaarboek voor* 1874.

76. J. Martens. *De lichtteekening of photographie* op collodion en papier, gevolgd van onderrichtingen over het koolprenten gezegd *procédé au charbon*, 1874.

77. Max Rooses. *Brieven van Jan Frans Willems* aan Jer. de Vries, K. A. Vervier, E. J. Potgieter, F. H. Mertens, J. B. David enz., 1874.

78. Max Rooses. *Levensschets van Jan Frans Willems*, 1874.

79. J. Vander Have. *Filips van Marnix van Sint-Aldegonde.* 1874.

80. *Jaarboek voor* 1875.

Les ouvrages suivants, publiés également par le *Willems-Fonds*, n'ont pas été distribués aux souscripteurs :

G. de Vijlder. *Grondbeginselen der werkdadige meetkunde* ten gebruike van werklieden en leerlingen van nijverheidsscholen, 1870.

J. Morel. *Handboek der anorganische scheikunde*, 1872.

G. Royer en G. van Mierlo. *Practische verhandeling over de Nederlandsche stenographie*, 1873.

Volks-Almanakken voor 1868, 1869, 1870, 1871, 1872, 1873, 1874 et 1875.

Le *Willems-Fonds* a édité en outre trois lithographies représentant, l'une, les poètes Maerlant, Cats, Vondel, Willems et Ledeganck; l'autre, les peintres Van Eyck, Rubens, Van Dyck, Teniers et De Crayer; la troisième, l'hôtel de ville et le beffroi de Gand, d'après les plans originaux.

En 1871, le *Willems-Fonds* a entrepris la publication d'un recueil de compositions musicales sur des textes en langue néerlandaise (*Nederlandsche zangstukken*). Les trois premières séries contiennent chacune douze morceaux; la quatrième en contient quatorze.

PUBLICATIONS PÉRIODIQUES.

L'Abeille. Revue pédagogique pour l'enseignement primaire et l'enseignement moyen du degré inférieur, publiée avec la collaboration de plusieurs hommes d'école, par Th. Braun, professeur de pédagogie et de méthodologie à l'École normale de l'État, à Nivelles. Bruxelles, Vᵉ Parent et fils.

Cette revue, fondée en 1855, se publie en livraisons mensuelles de 48 pages in-8º. Le prix de l'abonnement est de 6 francs.

Agenda-annuaire de la magistrature, du barreau, des officiers publics et ministériels du royaume de Belgique.

Cette publication paraît chaque année en deux volumes in-18.

Le premier volume, en demi-reliure, avec fermoir et crayon, contient :

Un *carnet*, composé de 365 cases (une page en blanc pour chaque jour de l'année) présentant chacune une vingtaine de lignes, c'est-à-dire l'espace suffisant pour l'inscription sommaire de tout ce qu'il est essentiel de se rappeler à date fixe.

Le second volume, broché avec une couverture en toile anglaise, renferme :

1º Un *annuaire* ou livre d'adresses, présentant, dans un ordre méthodique, l'organisation et le personnel de l'administration de la justice en Belgique, du trésor public, des banques, etc., etc.; suivi — sous forme de table destinée à abréger les recherches, — d'une liste alphabétique des chefs-lieux judiciaires, avec l'indication de leurs dépendances;

Et 2° un *aide-mémoire*, contenant des notices sur les chemins de fer, les postes et les télégraphes; les réductions des monnaies les plus usitées, la comparaison des anciens et des nouveaux systèmes des poids et mesures, etc., etc. Bruxelles, Bruylant-Christophe et Cᵉ.

Almanach de poche de Bruxelles et de ses faubourgs. Bruxelles, Henri Manceaux. In-24. 1 fr. 50.

Cette publication compte cinquante-huit années d'existence; elle renferme : Notice sur les souverains, leurs États et leurs familles. Attributions et personnel des administrations ayant leur siége à Bruxelles et dans ses faubourgs; corps diplomatique; cultes; sénat; chambre des représentants; ministères; administrations provinciale et communale; cours et tribunaux; cour des comptes; trésor; contributions directes; enregistrement; banques; garde civique; armée; ponts et chaussées; service des eaux; chemins de fer, postes et télégraphes; conseil des mines; service de santé; prisons; institutions de bienfaisance; hospices; hôpitaux; universités; athénées; écoles; académies; observatoire; bibliothèques; musées; sociétés d'arts, sciences et lettres; sociétés commerciales, etc. Adresses des fonctionnaires (sénateurs, représentants, employés des ministères, etc., etc.); des avocats; avoués; huissiers; médecins; pharmaciens; dentistes; agents de change; banquiers; architectes; arpenteurs, etc., etc.

Almanach de la province de Hainaut. Mons, Hector Manceaux, 1874. In-12.

Publication annuelle.

Almanach de l'Office de publicité. Bruxelles, Office de publicité, A. N. Lebègue et Cᵉ, rue de la Madeleine, 46. In-24.

Almanach pittoresque. Tournai, v⁰ H. Casterman. 1841-1875, 35 années. In-32.

Le grand double almanach de Liége. Tournai, v⁰ H. Casterman. In-24.

Almanach mignon. Tournai, v⁰ H. Casterman. In-24.

Almanach Tom-Pouce. Tournai, v⁰ H. Casterman. In-64.

Snoeck's Almanak voor het jaer O. H. Jesu-Christi..., met klugten, dagklapper, liedekens, merkten en kronyk. Gent, Snoeck Ducaju en zoon. In-24.

Almanak Lies van Ghendt. Gent, A. Vande Weghe. In-16. Paraît depuis 1863.

Almanak van't Meetjesland, opgesteld door Meester Lieven. Gent, J. en H. Vander Schelden. In-32.

L'Ami de l'ouvrier. Journal hebdomadaire illustré. Bureaux, G. Lebrocquy, 32, chaussée de Wavre, à Ixelles.
Paraît depuis 1872, en numéros de 8 pages in-8⁰. Prix d'abonnement, 3 fr. l'an.

Annales de médecine vétérinaire, publiées à Bruxelles, sous la direction de M. le professeur Thiernesse, directeur de l'École de médecine vétérinaire de l'État, avec le concours de MM. Delwart, professeur-directeur émérite; Gérard, Gille, Derache, Wehenkel, Degive, professeurs; Lorge et Dessart, répétiteurs à la même institution. Bruxelles, Combe et Van de Weghe, imprimeurs, 1852-1874, 23 volumes in-8⁰.
Les *Annales de médecine vétérinaire* se publient en livraisons mensuelles d'au moins trois feuilles et demie. Le prix de l'abonnement est de 12 francs par an.

Annuaire d'art, de sciences et de technologie militaire, publié par P. Henrard, major d'artillerie, avec le concours de MM. A. Brialmont, colonel d'état-major; Carlot et Deby, lieutenants d'infanterie; De Vos, capitaine du génie; Jacmart, lieutenant-colonel d'artillerie ; Knepper, major d'artillerie ; Leurs, capitaine d'artillerie ; Timmerhans et Wendelen, capitaines d'infanterie, et des docteurs Hermant et Guillery. Bruxelles, C. Muquardt, 1874, 1re année (1873.) In-8°. 7 fr. 50.

Annuaire de la mortalité ou tableaux statistiques des causes de décès et du mouvement de la population de la ville de Bruxelles, par le docteur E. Janssens. Bruxelles, H. Manceaux, 1862-1873, 12 volumes in-8°.

Annuaire du turf continental. Bruxelles, bureau du *Journal des haras*, 5, rue Galilée. In-16. Prix : 2 fr. 50.
Se publie depuis 1864.

Annuaire spécial des chemins de fer belges. — Jurisprudence et législation usuelle (chemins de fer, expropriations, sociétés anonymes, travaux publics). — Législation et statistique financière (mouvement, recettes, dépenses, comptes de profits et pertes, bilans). — Guide du porteur d'obligations et d'actions amortissables, par Félix Loisel, ingénieur civil, secrétaire de la conférence des chemins de fer belges. In-8°. Prix : 6 fr. Bruxelles, Bruylant-Christophe et Cᵉ.
La collection des Annuaires de M. Loisel forme 5 volumes. Les deux premiers comprennent les années 1835 à 1867; le troisième comprend les années 1868 et 1869; le quatrième, les années 1870 et 1871, le cinquième, l'année 1872.

L'Arboriculteur, moniteur et mémorial des conférences, rédigé par D. Buisseret, professeur à Thuin, paraissant le 1er et le 15 de chaque mois, traitant de tout ce qui intéresse et particulièrement de tout ce qui a rapport à la culture et à la taille des arbres fruitiers. Gand, C. Annoot-Braeckman.
Se publie en livraisons de 8 pages in-8°. Prix de l'abonnement annuel : 3 francs.

Archives belges de thérapeutique, revue mensuelle des médications, publiées par le docteur E. Deghilage. Mons, rue de la Poterie, 13.

Les *Archives belges de thérapeutique* paraissent le premier dimanche de chaque mois, en livraisons de 32 pages in-8°.

L'Art médical. Intérêts sociaux, scientifiques et professionnels. Rédacteur principal : L. Laussedat. Bruxelles, Vᵉ Parent et fils, imprimeurs-éditeurs ; H. Manceaux.

Cette revue, fondée en 1865, paraît le premier et le troisième dimanche de chaque mois, en livraisons de 16 pages in-8°. Le prix de l'abonnement est de 6 francs par an.

La Belgique judiciaire, gazette des tribunaux belges et étrangers. Jurisprudence, législation, doctrine, notariat, débats judiciaires. Bruxelles, M. Payen, avocat, rue de l'Équateur, 5.

Ce journal, fondé en 1843, paraît deux fois par semaine, en numéros de 8 pages in-4°, à deux colonnes.

La première série (1843-1858) forme 25 volumes ; de la deuxième série le tome VII est en cours de publication.

La Belgique militaire. Journal hebdomadaire, organe de l'armée. Secrétaire de la rédaction, M. Ernould, 25, rue Brichaut, à Schaerbeek.

Se publie depuis 1871 en numéros de 32 pages in-8°. Prix de l'abonnement, 10 fr. par an.

Le Bulletin belge financier, industriel et commercial. Journal de la propriété et des travaux publics. Bruxelles, 22, rue Fossé-aux-Loups.

Fondé en 1874, paraît en numéros de 8 p. gr. in-4°. 3 fr. l'an.

De Beschaving. Tijdschrift voor Opvoeding en Onderwijs. Antwerpen, Maaldersstraat, 42. 1873-1874. In-4°.

Le prix de l'abonnement à cette publication semi-mensuelle est de 4 francs.

Bibliothèque militaire. In-16. Bruxelles, C. Muquardt, Merzbach et Falk, successeurs,

Ouvrages parus :

1. *Être ou n'être pas.* Armée, indépendance, nationalité, par le major Beernaert, du 2ᵉ régiment de chasseurs à pied. 1872. 1 fr.

2. *Canons à grande puissance,* par N. Adts, capitaine commandant d'artillerie, professeur à l'École de tir. 1872. 2 fr. 50.

3. *Le revolver de guerre en* 1873, par Galand, fabricant d'armes. 1873. 3 fr.

4. *La cavalerie et son armement depuis la guerre de* 1870, par le baron A. Lahure, capitaine d'état-major. 1873. 2 fr. 50.

5. *Fortification et travaux du génie aux armées,* par le major H. Wauwermans, commandant du génie de la ville d'Anvers. 1875. 3 fr.

6. *Les artilleries de campagne de l'Europe en* 1874, par H. Langlois, capitaine d'artillerie. 1875. 5 fr.

Bruxelles-Théâtre. Administration, rue du Midi, 94a, à Bruxelles.

Ce journal fondé en 1873, se publie tous les samedis en numéros in-folio de 4 pages.

Le prix de l'abonnement est de 16 fr. par an.

Bulletin belge de la photographie, paraissant du 20 au 25 de chaque mois, publié par Léon Deltenre, avec la collaboration de MM. Dʳ Van Monckhoven, G. de Vylder (Belgique); Perrot de Chaumeux (France); Dʳ Phipson (Angleterre); Dʳ E. Hornig (Autriche); Dʳ H. Vogel (Prusse), et autres amateurs distingués. Bruxelles, 14, rue de la Blanchisserie. Fondé en 1862. Prix d'abonnement, 6 fr. In-8°.

Bulletin des arrêts des cours d'appel de Belgique, en matière civile, criminelle, commerciale, de procédure, d'hypothèque, de timbre et d'enregistrement, par M. Casier (Const.), conseiller à la cour d'appel de Bruxelles, avec la collaboration de plusieurs autres magistrats. Mensuel. In-8° à 2 col. Bruxelles, Bruylant-Christophe et Cᵉ. L'abonnement, courant de janvier à décembre, est de 10 francs.

Ce recueil forme, au bout de l'année, un volume in-8°. Le titre porte : *Pasicrisie.* — 3ᵉ série. — Cours de Belgique, 2ᵉ partie. — Arrêts des cours d'appel.

Bulletin des arrêts de la cour de cassation de Belgique, contenant les arrêts rendus par cette cour, avec le narré des faits, l'exposé des moyens, les conclusions du ministère public et l'indication des opinions des jurisconsultes sur les questions importantes; rédigé par M. Ch. Faider, procureur général, et M. Ch. Mesdach de ter Kiele, avocat général près la cour de cassation. Mensuel. In-8° à 2 col. Bruxelles, Bruylant-Christophe et Cᵉ. L'abonnement courant de janvier à décembre, est de 12 francs.

Ce recueil forme, au bout de l'année, un volume in-8°. Le titre porte : *Pasicrisie.* — 3ᵉ série. — Cours de Belgique, 1ʳᵉ partie. — Arrêts de la cour de cassation.

Bulletin des commissions royales d'art et d'archéologie. Un arrêté royal du 23 février 1861, contresigné Ch. Rogier, statue : Il sera publié, par les soins du ministère de l'intérieur, un *Bulletin des commissions royales d'art et d'archéologie.* Ce *Bulletin* renfermera le résumé des travaux de la Commission royale des monuments, de la Commission du musée royal de peinture et de sculpture et de la Commission du musée royal d'antiquités, d'armures et d'artillerie. Il contiendra, outre l'analyse sommaire des séances, un choix des rapports et documents présentés à ces commissions, ainsi que des faits divers pouvant intéresser l'art et l'archéologie nationale.

Ce *Bulletin* se publie à la librairie européenne Ch. Muquardt, à Bruxelles en douze livraisons par an. Prix, 8 fr.

La collection comprend 13 vol. in-8° (I-XIII, 1862-1873).

Bulletin usuel des lois et arrêtés, concernant l'administration générale, depuis 1539 jusques et y compris 1873, avec notes de concordance et de jurisprudence administrative et judiciaire. Fondé par M. A. Delebecque, avocat général près la cour de cassation de Belgique ; continué, à partir de 1857, par M. Émile de Brandner, conseiller à la cour d'appel de Bruxelles. In-8° à 2 colonnes. Bruxelles, Bruylant-Christophe et Cᵉ.

Le *Bulletin usuel des lois et arrêtés*, etc., paraît par livraisons composées de 8 à 16 pages gr. in-8°, à 2 colonnes.

Chaque année est suivie d'une table alphabétique des matières, ainsi que d'une table de concordance, indiquant les dispositions législatives antérieures qui ont été abrogées, modifiées ou appliquées dans le courant de l'année.

Le prix de l'abonnement courant (janvier à décembre) est fixé à 3 francs.

La collection complète du *Bulletin usuel des lois*, etc., depuis 1539 jusqu'à 1873 inclus, forme 4 vol. gr. in-8°, de LX-460, 364-364, 838 et 937 pages ; plus les 404 premières pages du 5ᵉ volume. Elle renferme :

Tome Iᵉʳ. 1° Anciennes lois françaises publiées en Belgique (1539-1789) ; 2° Lois françaises obligatoires en Belgique avec mention spéciale de leur publication (1789-1813).

Tome II. 1° Gouvernements généraux et royaume des Pays-Bas (1813-1830) ; 2° Royaume de Belgique (1830-1843).

Tome III. Royaume de Belgique (*suite*) 1844-1860). Table générale, alphabétique et chronologique, de 1859 à 1860, suivie d'une table de concordance.

Tome IV. Royaume de Belgique (*suite*) (1861-1870). Ce volume se termine par la table générale des années qu'il contient.

Tome V. (Pages 1 à 404.) (1871-1873).

Le Capitaliste. Moniteur des intérêts publics, paraissant le dimanche, donnant la liste officielle de tous les tirages. Bruxelles, 77, rue de la Montagne, 1872-1874, trois années. In-4°. Prix : 5 francs par an.

El Carïon d'Mons. Histoires, cansons et faufes. Mons, Hector Manceaux, 1872-1874. In-16.

Publication annuelle, au prix de *ein d'mi franc.*

Chœurs et chants à une ou plusieurs voix, à l'usage des écoles et des familles, par Ch. Miry.

Publication mensuelle. In-8°. Abonnement : 3 francs 50 par an.

Le Chrétien belge. Revue religieuse paraissant le 15 de chaque mois.

Rédacteur : M. le pasteur Durant, rue Lambert-le-Bègue, 12, à Liége. Bruxelles, librairie évangélique, 7, rue Duquesnoy.

Cette revue, fondée en 1851, se publie en livraisons de 24 pages in-8°. Prix de l'abonnement : 3 francs.

Le Commerce. Journal d'économie politique, organe des intérêts financiers, commerciaux, industriels et agricoles. Direction : rue des Poissonniers, 2, à Bruxelles.

Se publie hebdomadairement, depuis 1868, en numéros de 20 pages in-4°. Prix de l'abonnement : 12 francs par an.

Catalogue mensuel de l'agence industrielle. Directeur : J. Allibert, 9, rue Herry (chaussée d'Anvers), à Bruxelles.

Se publie depuis 1869, en numéros de 16 pages in-4°.

Conférences militaires belges. In-16. Bruxelles, C. Muquardt, Merzbach et Falk, successeurs.

Ouvrages parus :

1re SÉRIE.

1. *Tactique de l'infanterie,* par le capitaine Pontus, du régiment des grenadiers, 2e édition, 1874. 1 fr.

2. *Des chemins de fer en temps de guerre,* par A. de Formanoir, capitaine d'état-major, 2e édition, 1872. 1 fr. 50.

3-4. *La fortification improvisée*, par A. Brialmont, colonel d'état-major, 2ᵉ édition, 1872. 3 fr. 50.

5. *Éléments d'hygiène et premiers soins à donner en cas d'accidents*, par L. Wuillot, médecin de bataillon. 1 fr.

6. *Les machines infernales dans la guerre de campagne*, par le capitaine Wauwermans (épuisé). 1 fr. 50.

7. *Construction et emploi des défenses accessoires*, par H. Girard, capitaine en premier du génie, professeur à l'École militaire, 2ᵉ édition, 1874. 2 fr.

8. *Télégraphie électrique de campagne*, par|Van den Bogaert, capitaine du génie, 2ᵉ édition, 1873. 2 fr. 50.

9-10. *L'artillerie de campagne belge*, par A. Nicaise, capitaine d'artillerie, 1870. 3 fr. 50.

11. *Ponts militaires*, par J. De Ruydts, capitaine commandant la compagnie des pontonniers, 2ᵉ édition, 1874. 1 fr. 50.

12. *Emploi de l'artillerie rayée en campagne.* S. d. 1 fr.

2ᵉ SÉRIE.

1. *La guerre sous-marine et les torpedos*, par L. G. Daudenart, major d'état-major, 1872. 2 fr. 50.

2-3. *La guerre des bois*, par le major C. Monnier, 1872. 3 fr.

4-5. *Étude sur la tactique de la cavalerie*, par A. de Formanoir, capitaine d'état-major, 1872. 3 fr.

6. *Étude sur l'emploi des corps de cavalerie au service de sûreté des armées*, par A. Fischer, major au 2ᵉ chasseurs à cheval, 1872. 1 fr. 25.

7. *Kriegsspiel (jeu de la guerre.) Guide des opérations tactiques exécutées sur la carte*, par A. Petre, capitaine au régiment des carabiniers, 1872. 1 fr. 25.

Congrès périodique international d'ophthalmologie. Session de 1857, à *Bruxelles.* Compte-rendu publié, au nom du bureau, par le docteur Warlomont. Bruxelles, imprimerie J. Van Buggenhoudt, 1858, 1 vol. in-8º. — Deuxième session, 1862, à *Paris.* Compte-rendu, comprenant les procès-verbaux des séances, les mémoires lus ou déposés, etc., rédigés, traduits et mis en ordre par MM. les docteurs Giraud-Teulon et Wecker, secrétaires, publié, au nom du bureau, par le docteur Warlomont. Paris, J. B. Baillière, Bruxelles, v⁰ J. Van Buggenhoudt, 1863, 1 vol. in-8⁰. — Troisième session, 1867, à *Paris*. Compte-rendu, comprenant les procès-verbaux des séances, les mémoires lus ou déposés, etc., rédigés, traduits et mis en ordre par MM. les docteurs Giraud-Teulon et Wecker, secrétaires, publié au nom du bureau, par le docteur Warlomont. Gand, imp. I. S. Van Doosselaere, 1868, 1 vol. in-8⁰. — Quatrième session, 1872, à *Londres*. Compte-rendu, comprenant les procès-verbaux des séances, les mémoires lus ou déposés, etc., rédigés, traduits et mis en ordre par M. le docteur Power (de Londres), publié, sur l'édition anglaise, par le docteur Warlomont et le docteur Duwez. Gand, imp. I. S. Van Doosselaere, 1873.

Correspondance mathématique (Nouvelle), publiée par Eugène Catalan, ancien élève de l'Ecole polytechnique, docteur ès sciences, professeur à l'Université de Liége, etc. et Paul Mansion, docteur spécial en sciences mathématiques, professeur à l'Université de Gand. Mons, Hector Manceaux, 1874.

Le premier numéro de cette publication a paru au mois d'août 1874. Le prix de l'abonnement à six livraisons de 32 à 48 pages in-8⁰ chacune, est de 7 fr. 50.

La Cote libre, journal de crédit universel, paraissant chaque jour (dimanches et fêtes exceptés). Bruxelles, 1, rue du Peuplier.

In-folio. Prix de l'abonnement, 18 fr. par an. Ce journal a été fondé en 1868.

Documents iconographiques et typographiques de la Bibliothèque royale de Belgique. Fac-simile photolithographiques, avec texte historique et explicatif, par MM. les conservateurs et employés de la bibliothèque royale, publié sous la direction et avec le concours de M. le conservateur en chef, avec autorisation de M. le ministre de l'intérieur.

7

Cette publication aura trois séries de 6 livraisons :
Première série. — Les bois ou gravures en taille d'épargne,
Deuxième série. — La gravure en creux ou au burin.
Troisième série. — Les documents typographiques.
Première série : LES BOIS. — Impérial-folio, imprimé à
200 exemplaires (190 sur vélin et 10 sur papier de Hollande).
La première série contiendra 6 livraisons, au prix de 12 fr.
sur papier vélin, et 24 fr. sur papier de Hollande.
Première livraison. *Spirituale Pomerium*, par M. L. Alvin,
conservateur en chef. 6 feuilles de texte et 6 planches in-folio.
Deuxième livraison. *Gravure criblée ;* impressions négatives,
par M. Hymans, sous-chef de section. 6 feuilles de texte et
3 planches.
Troisième livraison. *La vierge de* 1418, par M. Ch. Ruelens,
conservateur-adjoint. 12 feuilles de texte et 3 planches.
Quatrième livraison. *Vue de Louvain*, par M. J. Petit, sous-
chef de section. 6 feuilles de texte et 18 planches.
Cinquième livraison. *Les neuf Preux*, par M. Ed. Fétis,
conservateur, 2 feuilles et demie de texte et 4 planches.

De Duivenliefhebber, weekblad voor maatschappijen en lief-
hebbers. Antwerpen, Karel Mortelmans, 121, Klapdorp.
Journal fondé en 1865. Il se publie tous les samedis, en
numéros in-folio de 4 pages, à trois colonnes. Prix d'abonnement : 5 francs par an.

De Duiventeelt, weekblad voor maatschappijen en liefheb-
bers van pluimgedierte. Gand, H. De Ceuninck, Longue rue
des Violettes, 25.
Ce journal, créé en 1873, se publie tous les samedis, en
numéros in-4° de 4 pages, à trois colonnes. Prix de l'abonne-
nement : 5 francs par an.

L'Écho vétérinaire. Organe des intérêts professionnels et
scientifiques, publié sous le patronage de la Fédération vétérinaire belge et avec le concours des sociétés provinciales.

Directeur : M. Remy, médecin vétérinaire, à Liége. Liége, Festraerts fils, rue de l'Étuve, 12.

L'Écho vétérinaire se publie, depuis 1871, en livraisons mensuelles de 32 pages in-8°. Prix d'abonnement : 8 francs par an.

L'École primaire, journal de l'enseignement pratique, publié par J.-B. Emond, directeur des écoles communales de garçons, à Dison, avec la collaboration de plusieurs hommes d'école. Namur, Lambert-De Roisin.

Ce journal, dont le premier numéro a paru le 1er janvier 1874, se publie deux fois par mois, sauf en septembre, par livraisons de 16 pages in-8°, à deux colonnes. Le prix de l'abonnement annuel est de 5 francs.

De Eendracht, veertiendaagsch tijdschrift voor letteren, kunsten en wetenschappen. Gent, gebroeders Michiels, Groenselmarkt, 14.

Ce journal littéraire, fondé en 1846, par M. Frans Rens, paraît tous les quinze jours en numéros de 4 pages in-8°. Le prix de l'abonnement est de 5 francs par an.

L'Épervier. Moniteur des Sociétés pigeonnières. Journal hebdomadaire paraissant le dimanche. Direction : Brunin, frères. Bureau du journal : Montagne de la Cour, 5, à Bruxelles, 1865-1874, dix années. In-folio, fr. 6.25 par an.

Ervue (L'vraie) d'Mons, éié des invirons où lés contes dés quiés pou rire plein leu panses, in bon patois montois, 1851-1875. Mons, Alfred Thiemann. In-16. Prix : 0,50.

Publication annuelle.

Evangeliebode (De Vlaamsche). Antwerpen, Dambruggestraat, 115.

Ce journal, fondé en 1862, paraît deux fois par mois, en numéros de 4 pages in-folio. Prix d'abonnement : 2 francs par an.

Le Franc Tireur. Organe international des tirs et de l'arquebuscrie, chasses, sport, gymnastique, escrime, canotage, concours divers. Paraissant tous les dimanches. Bruxelles, 70, rue Neuve.

Se publie depuis 1867. Prix de l'abonnement : 5 francs par an.

La Fédération artistique. Journal hebdomadaire, directeur-gérant : Joseph Isenbaert; rédacteur en chef : Gustave Lagye. Bureau à Anvers : rue d'Aremberg, 11; à Bruxelles : rue St-Josse, 3, et chez H. Manceaux, 8, rue des Trois Têtes (Montagne de la Cour), 1873-1874, deux années. in-4°. Abonnement : 15 francs par an.

La Finance, journal de crédit international, paraissant le jeudi. Bruxelles, rue de Tilly, 10.

Ce journal, créé en 1863, se publie en numéros de 16 pages in-4°, à quatre colonnes. Prix de l'abonnement : 12 francs par an.

La Flandre, revue des monuments d'histoire et d'antiquités. Directeur : Emile Van den Bussche, place Ste-Anne, 10, à Bruges.

Créée en 1867; se publie en livraisons mensuelles de 2 ou 3 feuilles in-4°. Prix de l'abonnement : 16 francs par an.

Le Foyer, revue théâtrale, artistique et littéraire, publiant les programmes détaillés des spectacles des théâtres de Liége. Bureau : rue Sœurs de Hasque, 9, à Liége.

Se publie pendant la saison théâtrale, en numéros in-folio de 4 pages.

Le Gaz belge, organe de l'éclairage au gaz, du service des eaux, et de tout ce qui se rattache à ces industries. Administration : rue Royale, 217, à Bruxelles.

Paraît depuis 1872, en numéros hebdomadaires de 8 pages grand in-4°. Prix de l'abonnement annuel : 12 francs.

Gazette de la bourse, journal quotidien. Rédaction et administration : 41, rue d'Edimbourg, Bruxelles.

Se publie depuis 1873, en numéros in-folio. Prix d'abonnement : 12 francs par an.

La Gazette des familles, paraissant le 1er et le 15 de chaque mois. Littérature, sciences, arts, éducation, économie domestique, modes et variétés. Directeur-gérant : Thirifocq. Bruxelles, 44, rue St-Jean. Grand in-4°, 12 francs par an.

Gentenaar (De kluchtige). Almanak. Gent, J. en H. Van der Schelden.

Le Guide du sport, bulletin des courses belges et du high-life. Directeur : M. A. de la Césarderie, 126, rue Josaphat, à Bruxelles.

Ce journal a commencé à paraître en 1871, et se publie tous les vendredis, en numéros de 4 pages in-folio, à trois colonnes. Prix d'abonnement : 15 francs par an.

Le Guide musical, revue hebdomadaire des nouvelles musicales de la Belgique et de l'étranger. Bruxelles, Schott, frères, 82, Montagne de la Cour.

Ce journal paraît depuis 1855, en livraisons hebdomadaires de 8 pages in-4°. Prix d'abonnement : 6 francs par an.

Guide (Seul) officiel des voyageurs sur tous les chemins de fer de Belgique, publié avec l'approbation de l'administration des chemins de fer, postes et télégraphes. Bruxelles, Office de publicité. In-24.

Publié tous les mois, depuis 1850. Prix d'abonnement : sans cartes, 2 fr. 40; avec cartes, 3 fr. 60 par an.

Le Gutenberg, journal de la typographie belge en tout ce qui a rapport à son bien-être et au développement de son art. Bureau du journal, 27, montagne des Aveugles, à Bruxelles.

Paraît en livraisons mensuelles de 8 pages petit in-folio.
Prix de l'abonnement, 2 francs.

Fondé en 1872.

Le Gymnaste belge, journal pour la propagation de la gymnastique, organe des gymnastes belges, édité et rédigé par J. Happel. Anvers, J. E. Buschmann.

Revue fondée en 1865. Livraisons mensuelles de 16 pages in-8°. Prix d'abonnement, 5 fr. par an.

De Halletoren. Maandblad voor het oprichten van een gedenkteeken aan de Brugsche volkshelden Jan Breidel en Pieter de Coninc. Brugge, Edw. Gailliard en C°.

Publication mensuelle paraissant en numéros de 8 pages in-4°. Prix d'abonnement, 3 francs.

Heerd (Rond den). Een leer-en leesblad voor alle lieden. Brugge, Mariastrate, 2, 1866-1874, 9 années. In-4".

Publication hebdomadaire, 5 fr. par an.

Le Héraut d'armes, revue internationale d'histoire et d'archéologie héraldique, fondée par C\ᵗᵉ Alph. O'Kelly de Galway, Jules Huyttens et C\ᵗᵉ Maurin Nahuys. Directeur, C\ᵗᵉ Alph. O'Kelly de Galway. In-8°. Tomes I, II, III (1869-73). Bruxelles, Victor Devaux et C".

Le Houilleur, journal spécial des intérêts charbonniers et industriels du couchant de Mons. Paraissant tous les dimanches. H. Manceaux, éditeur, 4, rue des Fripiers, à Mons. 1864-1874 (11 années). In-fol. 7 fr. par an.

De Belgische Illustratie, zondagslectuur voor alle standen. Hoofdredacteur : August Snieders; administratie : J. P. van Dieren en C°, Korte Nieuwstraat, Antwerpen.

Revue fondée le 1\ᵉʳ juillet 1868. Elle se publie en numéros hebdomadaires de 8 pages in-4° à 2 colonnes. Abonnement, 8 fr. par an.

L'Illustration européenne, rédacteur en chef : Marcelin La Garde; propriétaire-éditeur : Henri Bogaerts. Publication hebdomadaire illustrée, fondée le 1ᵉʳ novembre 1871, paraissant par livraison grand in-4° de 8 pages. Bureaux : chaussée de Louvain, 1, à Bruxelles.

Abonnement, 10 francs par an pour Bruxelles; 10 francs 50 pour la province.

L'Illustration horticole, revue mensuelle des serres et des jardins, comprenant la figure, la description, l'histoire et la culture des plantes les plus remarquables, les introductions nouvelles, la chronique horticole, les explorations botaniques, le compte-rendu des grandes expositions et des ouvrages nouveaux sur la botanique et l'hortjculture, etc., etc., publiée sous la direction de J. Linden et rédigée par Éd. André, avec la collaboration de plusieurs botanistes et horticulteurs. Gand, 52, rue du Chaume.

Cette revue, créée en 1854, se publie en livraisons mensuelles de 1 à 2 feuilles in-8° avec planches coloriées. Le prix de l'abonnement est de 20 fr. par an.

Il y a une édition anglaise gr. in-4° dont le prix d'abonnement annuel est de 25 shell.

L'Impartial, moniteur des beaux-arts, journal hebdomadaire, revue des intérêts artistiques, scientifiques, industriels et littéraires. Directeur, Carlo Waiss. Bureaux, rue Alexandre Gendebien, 23, à Bruxelles.

Paraît depuis 1872 en numéros de 4 pages in-fol. Prix d'abonnement, 6 fr. par an.

Indicateur breveté des heures de départ et d'arrivée des convois, avec carte. Éditeur, A. Bodart, 12, rue d'Or, à Bruxelles.

Se publie tous les mois depuis 1869. Prix de l'abonnement, 3 francs.

Indicateur général illustré de l'industrie et du commerce belges. Bruxelles, Lechein et Picard.

Publication annuelle in-fol., distribuée gratuitement dans les principaux cercles, sociétés, cafés et hôtels de toutes les villes de la Belgique et des grandes villes de l'étranger. Le prix des insertions est de 80 fr. la page, 50 fr. la demi-page, 35 fr. le quart de page et 20 fr. le huitième de page.

L'Industrie agricole, organe de l'agriculture et des industries agricoles en Belgique, paraissant le 1ᵉʳ et le 3ᵉ dimanche de chaque mois. Rédacteur-propriétaire, M. Gaillard, ingénieur-chimiste, 24, rue de Louvain, à Tirlemont.

Se publie, depuis 1869, en numéros de 4 pages in-fol. Prix de l'abonnement, 5 francs.

Jaarboekje (Nederduitsch letterkundig). Gent, Willem Rogghé; Dendermonde, Aug. de Schepper Philips. In-16.

Annuaire littéraire, fondé en 1834, par M. Frans de Vos et continué depuis 1836, par M. Frans Rens.

Journal de l'armée belge, recueil d'art, d'histoire et de sciences militaires. Bruxelles, E. Guyot, 12, rue de Pachéco.

Ce journal, fondé en 1852, paraît en livraisons mensuelles de 5 à 6 feuilles in-8°; six livraisons forment un volume. Le prix de l'abonnement est de 12 fr. par an.

La collection complète comprend actuellement 46 volumes; le 47ᵉ est en cours de publication.

Journal de l'enregistrement et du notariat, recueil des lois, décisions, arrêts, jugements en matière d'enregistrement, de timbre, de greffe, d'hypothèques, de notariat, de successions, de mutations par décès, de domaines, etc.

Tomes I à IV (1834-1837). Bruxelles, H. Tarlier.

Tome V (1838). Rédigé par MM. Ditt, Parez, Sanfourche-Laporte et Colmant. Bruxelles, Ad. Wahlen et Cᵉ.

Tomes VI à XIV (1839-1847). Rédigé par MM. Parez et Robyns. Mêmes éditeurs.

Tome XV (1848). Rédigé par MM. Nypels et Arnould. Bruxelles, Méline, Cans et Cᵉ.

Tome XVI à XX (1849-1853). Rédigé par plusieurs employés de l'administration et avec la collaboration de M. Delebecque, avocat général. Mêmes éditeurs.

Tome XXI (1854). Rédigé par plusieurs employés de l'administration. Mêmes éditeurs.

Tome XXII (1855). Publié par plusieurs notaires et employés de l'administration, sous la direction de M. Henri Lavallée. Bruxelles, administration centrale de la Pasicrisie belge.

Tome XXIII (1856). Publié par plusieurs notaires et employés de l'administration, sous la direction de MM. Henri Lavallée et Emile de Brandner. Mêmes éditeurs.

Tomes XXIV et XXV (1857-1858). Publié par plusieurs notaires et employés de l'adminstration, sous la direction de M. Émile de Brandner. Mêmes éditeurs.

Tomes XXVI à XL (1859-1873). Rédigé par M. E. de Brandner, avec la collaboration de plusieurs notaires et fonctionnaires de l'administration. Mêmes éditeurs.

Table générale alphabétique et analytique du *Journal de l'enregistrement et du notariat* (1834 à 1840). Bruxelles, Ad. Wahlen et C°. 1841. 1 vol. in-8°.

Journal de pharmacie, publié par la Société de pharmacie d'Anvers. In-8°, I à XXIII (1845-1867), Anvers, L. J. De Cort; XXIV à XXIX (1868-1872), Anvers, Hipp. Gyselynck. Depuis 1873, Bruxelles, H. Manceaux.

Journal des administrations communales. Bruxelles, Bruylant Christophe et C°. In-8°.

Le premier volume de ce recueil, rédigé par M. H. Wyvekens, a paru en 1862, sous ce titre : *Nouveau dictionnaire des bourgmestres, des échevins, des conseillers, receveurs et secrétaires communaux, des commissaires d'arrondissement, des membres des conseils de fabrique d'église, commissions des hospices, bureaux de bienfaisance, conseils de prud'hommes et autres établissements publics ; des commissaires de police et de leurs*

agents, des gendarmes, des gardes champêtres et forestiers, etc.
Les volumes suivants ont été publiés d'année en année depuis
1863, sous forme de suppléments à ce *Dictionnaire.*

La collection complète jusqu'à la présente époque, forme
13 volumes (1862-1874). Prix du supplément : 5 francs.

Journal des beaux-arts et de la littérature (peinture, sculpture, gravure, architecture, musique, archéologie, bibliographie, belles-lettres, etc.), publié sous la direction de
M. Ad. Siret. Bruxelles, A. Decq, 1859-1874. Tomes I à XVI,
in-4°.

Ce journal se publie en livraisons semi-mensuelles. Le prix
de l'abonnement est de 9 francs par an.

*Journal des dames et des demoiselles et Brodeuse illustrée
réunis.* Bruxelles, Bruylant-Christophe et Cᵉ, rue Blaes, 33.

Publication semi-mensuelle, in-4°. Il y a trois éditions
distinctes. Les prix de l'abonnement sont de 13 francs pour
la première, de 9 francs 50 pour la deuxième et de 11 francs
pour la troisième.

Le *Journal des étudiants.* Organe hebdomadaire. Bureaux :
13, rue du Damier, à Bruxelles.

Paraît depuis le 22 octobre 1874, en numéros de 4 pages
in-4°.

Journal des haras et gazette des chasseurs. Revue hebdomadaire du sport, des arts et de la littérature. Direction : 17, rue
Montagne de Sion ; abonnements : Office de publicité, 46, rue
de la Madeleine, à Bruxelles.

Ce journal, dont la création remonte à 1836, se publie tous
les mardis, en numéros grand in-4°, à quatre colonnes. Prix
d'abonnement : 20 francs par an.

Journal des inventeurs. Anvers, H. Ernest, rue Houblon-
nière, 32.

Ce journal se publie depuis le 1ᵉʳ mai 1874, en numéros semi-mensuels de 4 pages grand in-4°, à quatre colonnes. Prix d'abonnement : 5 francs par an.

Jurisprudence du conseil des mines de Belgique, recueillie et mise en ordre par L. C. A. Chicora, docteur en droit, conseiller au conseil des mines.

Années 1856 à 1862. Un volume in-8° de 82 pages. Bruxelles, Bruylant-Christophe et Cᵉ (1863).

Années 1863 à 1873. Un volume in-8° de 200 p. Bruxelles, 1874, Bruylant-Christophe et Cᵉ.

Kunstbode (De vlaamsche). Maandelijk tijdschrift voor kunsten, letteren en wetenschappen, onder hoofdredactie van A. J. Cosijn, met medewerking van voorname Noord- en Zuidnederlandsche schrijvers. Antwerpen, Spoorstraat, 21. Années 1871 à 1874, 4 volumes. In-8°, 6 francs par an.

Lecture (La bonne) pour les familles, les pensionnats et les bibliothèques populaires, petit journal illustré paraissant le 1ᵉʳ et le 15 de chaque mois.

Cette feuille se publie, depuis 1872, en livraisons semi-mensuelles de 8 pages in-4° à 2 colonnes. Prix d'abonnement, 2 fr. 50.

Liederen (Nieuwe) en koren voor de lagere scholen, door Karel Miry. Gand, H. et J. Van der Poorten.

Publication mensuelle in-8°. Paraît depuis 1874. Abonnement, 3 fr. 50 par an.

Lloyd anversois, journal maritime émanant des courtiers de navires. Anvers, B. Mees, 14, rue des Apôtres.

Journal quotidien, in-folio, fondé en 1858. Le prix de l'abonnement est de 40 fr. par an.

Le Maître populaire de style et de composition littéraire, journal paraissant le 1ᵉʳ et le 15 de chaque mois, sauf en sep-

tembre, par J. B. Chappuset, professeur de belles-lettres, etc.
Bruxelles, 68, rue Neuve.

Ce journal se publie depuis le 1er janvier 1871, en livraisons
semi-mensuelles de 8 pages in-8º. Le prix de l'abonnement
annuel est de 3 francs.

Le Médecin de la famille, ou l'art d'entretenir la santé, journal utile à tout le monde, traitant de l'hygiène pratique,
paraissant le 15 et le 30 de chaque mois, par A. Festraerts,
docteur en médecine, chirurgie et en l'art des accouchements,
ancien interne des hôpitaux, rédacteur du journal de médecine *le Scalpel*, membre de plusieurs sociétés savantes, etc.
Bureau, 28, quai d'Avroy, à Liége. In-8º.

Fondé en 1856. Prix d'abonnement, 6 francs.

La Mélodie. Bruxelles, J. B. Katto. In-4º.

La publication de ce recueil de romances et de chanson-
nettes a commencé en 1874.

Le Messager, journal bi-mensuel, contenant les faits de ma-
nifestations des esprits, ainsi que toutes les nouvelles relatives
au spiritisme. Liége, Raick, 36, rue de la Cathédrale.

Ce journal paraît depuis le 1er juillet 1872, en livraisons de
8 pages in-8º à 2 colonnes. Le prix de l'abonnement est de
3 fr. l'an.

Le fidèle Messager, almanach belge. Bruxelles, 7, rue Duquesnoy. In-12.

Le Messager des écoles primaires du Hainaut. Mons, Hector
Manceaux.

La première série de cette revue mensuelle, commencée en
octobre 1846, se compose de 27 volumes in-8º; de la deuxième
série, le tome III est en cours de publication.

Il paraît deux livraisons par mois de 16 pages in-8º. Le
prix de l'abonnement annuel est de 3 francs.

Messager des sciences historiques ou Archives des arts et de la bibliographie de Belgique.

1re SÉRIE. 6 vol. (1823-1830). *Messager des sciences et des arts.* Recueil publié par la Société royale des beaux-arts et des lettres et par celle d'agriculture et de botanique de Gand. Gand, P. J. De Goesin-Verhaeghe.

2e SÉRIE. 6 vol. (1833-1838). *Messager des sciences et des arts de la Belgique, ou nouvelles archives historiques, littéraires et scientifiques.* Recueil publié par MM. F. de Reiffenberg, E. Jacquemyns, C. P. Serrure, A. Van Lokeren, A. Voisin et L. A. Warnkoenig. Gand, D. J. Vander Haeghen, 1833-1834; D. Duvivier, 1835; L. Hebbelynck, 1836-1838.

A partir de 1834, le nom de M. Jacquemyns ne se trouve plus parmi ceux des membres de la rédaction, et à partir de 1836 le nom de M. Warnkoenig est remplacé par celui de M. de Saint-Genois.

3e SÉRIE. 6 vol. (1839-1844). *Messager des sciences historiques de Belgique.* Recueil publié par MM. J. de Saint-Genois, C. P. Serrure, Ph. Blommaert, A. Voisin, A. Van Lokeren, avec la collaboration habituelle de MM. F. de Reiffenberg et A. Schayes. Gand, L. Hebbelynck.

A partir de 1843, M. A. Voisin n'est plus cité parmi les rédacteurs; en 1844, M. P. C. Vander Meersch entre dans la rédaction.

4e SÉRIE. 6 vol. (1845-1850). *Messager des sciences historiques et archives des arts de Belgique.* Recueil publié par J. de Saint-Genois, C. P. Serrure, A. Van Lokeren et P. C. Vander Meersch. Gand, L. Hebbelynck.

A ces noms s'ajoute, en 1850, celui de M. Ph. Kervyn de Volkaersbeke.

5e SÉRIE. 6 vol. (1851-1856). *Messager des sciences historiques, des arts et de la bibliographie de Belgique.* Recueil publié par MM. J. de Saint-Genois, C. P. Serrure, A. Van Lokeren, P. C. Vander Meersch et Ph. Kervyn de Volkaersbeke. Gand, L. Hebbelynck.

Tables générales du Messager des sciences historiques, etc.

(1823-1830 ; 1833-1853). Gand, L. Hebbelynck, 1854.

6ᵉ sᴇ́ʀɪᴇ. 18 vol. (1857-1874). *Messager des sciences histo-
riques ou archives des arts et de la bibliographie de Belgique.*
Recueil publié par A. Van Lokeren, bᵒⁿ de Saint-Genois,
P. C. Vander Meersch et Kervyn de Volkaersbeke. Gand,
L. Hebbelynck.

A partir de 1861, le nom de M. F. F. J. Lecouvet est ajouté
à ceux des membres de la rédaction ; il disparaît en 1864. A
partir de 1868, la rédaction ne compte plus dans son sein
M. de Saint-Genois, et l'année suivante le nom de M. P. C. Vander Meersch disparaît du titre.

Ce recueil paraît par livraisons trimestrielles, in-8°.

Moniteur de la brasserie. Bruxelles, Laurent frères, rue du
Marché, 51.

Journal hebdomadaire créé en 1859. Prix de l'abonnement :
12 francs par an.

Moniteur des instituteurs primaires, publié par une Société
d'instituteurs. Gérant : Henri Van Leke ; secrétaire de la Société : Aug. Crombez, place Hauwaert, 16, à Sᵗ-Josse-ten-
Noode. Gand, H. et I. Van der Poorten.

Ce journal se publie depuis 1872, le 1ᵉʳ et le 15 de chaque
mois, en numéros de 16 pages in-8°. Prix de l'abonnement :
3 francs 25 par an.

Moniteur des intérêts matériels. Tout ce qui a rapport au
bien-être général, hormis la politique. Bruxelles, rue Neuve-
Sᵗᵉ-Gudule, 6. Prix d'abonnement : 12 francs.

Publication hebdomadaire, in-folio, fondée en 1851.

Le Moniteur des travaux publics et du bâtiment, paraissant
tous les dimanches. Bruxelles, boulevard Jamar, 12. In-folio.
Prix d'abonnement : 8 francs.

Fondé en 1870.

Le Moniteur horticole belge, comprenant tout ce qui est relatif à l'arboriculture, la culture maraîchère, la floriculture et les applications de la botanique à ces différentes sciences, publié par L. G. Gillekens, directeur de l'École d'horticulture de l'État, à Vilvorde, avec le concours de plusieurs professeurs et amateurs d'horticulture. Vilvorde, au local de l'École d'horticulture.

Cette revue, fondée en 1874, paraît le premier et le troisième dimanche de chaque mois, en livraisons de 8 pages in-8°. Le prix de l'abonnement est de 5 francs par an.

Moniteur industriel belge, paraissant les 1er, 10 et 20 de chaque mois. Administrateur-gérant : Jules Meeüs, 69, rue Neuve, Bruxelles.

Ce journal paraît depuis le 1er avril 1874, en numéros de 8 pages in-4°, non compris une feuille d'annonces, également de 8 pages. Prix d'abonnement : 25 francs.

Nederlandsch Museum. Tijdschrift voor letteren, wetenschappen en kunst, onder het bestuur van J. F. J. Heremans. 1874, 1re année. Gand, Ad. Hoste.

Six livraisons de 128 pages in-8° par an. Abonnement : 10 francs.

Pasicrisie belge. Recueil général de la jurisprudence des cours de Belgique, en matière civile, commerciale, criminelle, de droit public fiscal et administratif, depuis 1814 jusqu'à nos jours. 1re partie (*arrêts de la cour de cassation*), par MM. Ch. Faider, procureur général, et Ch. Mesdagh de ter Kiele, avocat général près la cour de cassation ; — 2e partie (*arrêts des cours d'appel*), par M. Constant Casier, conseiller à la cour d'appel de Bruxelles, avec la collaboration de plusieurs magistrats appartenant aux trois cours d'appel du royaume ; — 3e partie (*jugements des tribunaux*), par MM. Emile de Brandner, conseiller à la cour d'appel de Bruxelles, et Emm. Demeure, vice-président du tribunal de première instance de Bruxelles, avec le concours de plusieurs membres des tribunaux de première instance et de commerce et de plusieurs juges de paix. In-8° à deux colonnes. Bruxelles, Bruylant-Christophe et Cᵉ.

Ce recueil se divise en deux séries : L'une comprenant les années 1814 à 1840, 16 volumes; l'autre comprenant les années 1841 à 1874 incluse, ou 69 volumes. *Table générale.* 1814 à 1850 inclus, 2 volumes. *Table générale.* 1851 à 1860 inclus, 1 volume. *Table générale.* 1862 à 1870 inclus, 1 volume. Ensemble 89 volumes.

La collection complète de la *Pasicrisie*, dont il est question ci-dessus, est épuisée; mais elle est remplacée par une collection économique du même recueil, laquelle se divise comme suit :

1° Répertoire général, alphabétique et chronologique de la *Pasicrisie belge*, contenant la jurisprudence du royaume de Belgique, de 1814 à 1860 inclusivement, 3 forts volumes.

2° Les années 1861 à 1874 de la *Pasicrisie belge*, 29 vol.

3° La table décennale des années 1861 à 1870, 1 volume. Ensemble 33 volumes.

A partir de 1872, la *Pasicrisie belge* comprend chaque année *sous des paginations distinctes* :

1° Le *Bulletin des arrêts de la cour de cassation*;

2° Le *Bulletin des arrêts des cours d'appel*;

Et 3° le *Bulletin des jugements des tribunaux*.

Chacune de ces trois parties est complétée, à la fin de l'année, par cinq tables : 1° Table indicative *des articles* du code sur lesquels il y a arrêt; 2° Table chronologique *des lois, décrets, arrêtés*, etc., sur lesquels il y a décision; 3° Table chronologique *des arrêts*; 4° Table *des noms des parties*, et 5° Dictionnaire analytique *des matières*.

Chaque année de la *Pasicrisie belge* forme ainsi 3 forts volumes gr. in-8°, à deux col., lesquels paraissent par livraisons mensuelles, composées d'au moins six ou sept feuilles.

Le prix de l'abonnement courant (de janvier à décembre) est de 25 francs.

Pasicrisie française, recueil général de la jurisprudence des cours de France en matière civile, commerciale, criminelle, de droit public et administratif, classé dans l'ordre chronologique depuis l'origine de la cour de cassation (1791) jusqu'à nos jours; contenant les arrêts notables publiés dans les recueils de Sirey, de Dalloz, de Tarte et Fournier, dans le *Journal du Palais*, le *Bulletin de cassation*, le *Journal des avoués*, celui des *Notaires*, etc., avec des notes de concordance présentant sur chaque question un tableau résumé de la doctrine et de la jurisprudence, ainsi que des observations critiques. Rédigé depuis 1831 par L. M. de Villeneuve (jusqu'en 1859); A. A. Carette, docteur en droit, ancien avocat au conseil d'État et à la cour de cassation, et P. Gilbert, l'un des auteurs de la *Jurisprudence du xixᵉ siècle ;* avec le concours de MM. Nachet, Paul Pont et G. Massé, conseillers à la cour de cassation de France. In-8° à 2 colonnes. Bruxelles, Bruylant-Christophe et Cᵉ.

Prix de la collection complète de ce recueil, de 1791 à 1874 inclus., formant 104 vol. in-8°, 660 francs.

Le prix de l'abonnement courant (de janvier à décembre) est de 20 francs.

On peut se procurer *séparément,* au prix de 20 fr., la table des années 1851 à 1860 inclusivement.

Pasinomie. Collection complète des lois, décrets, arrêtés et règlements généraux qui peuvent être invoqués en Belgique, de 1539 à 1874 inclusivement. Formant, à partir de 1833, un volume par année et contenant : 1° les lois et arrêtés et tous les actes d'un intérêt général, publiés dans le *Moniteur officiel*, augmentés de notes indiquant les lois antérieures avec lesquelles il y a des rapports; 2° l'analyse des débats parlementaires, les modifications proposées ou adoptées et, en général, tout ce qui peut contribuer à faire saisir l'intention du législateur. Mise en ordre et annotée, depuis 1862 jusqu'à ce jour, par M. Nypels, prof. à l'université de Liége. In-8° à 2 col.

8

La *Pasinomie* paraît par livraisons composées d'environ 4 ou 5 feuilles d'impression grand in-8° à 2 colonnes.

Chaque année, formant un volume, est complétée par une table alphabétique et analytique des matières.

L'abonnement courant (de janvier à décembre) est fixé à 10 francs.

Prix de la collection complète de la *Pasinomie* de 1789 à 1874 inclus., en 67 vol. in-8°. Prix, 610 francs.

Il a été publié une édition économique de ce recueil, laquelle se divise comme suit :

Tome Ier. Histoire des principes. Lois antérieures à 1789. Arrêtés rendus pendant la première occupation. Table de 1539 à 1789. 1 vol.

Tome II. Introduction à la *Pasinomie*. Lois de 1789 à 1813. Table de 1789 à 1813 incl. 1 vol.

Tome III à LIV. Lois de 1814 à 1874 incl. 54 vol.

Tables de 1814 à 1859, et de 1860 à 1870 incl. 3 vol.

Ensemble 59 volumes.

La nouvelle collection de la *Pasinomie,* de 1539 à 1874 inclusivement, forme 59 volumes in-8° à 2 col. (y compris les tables générales depuis l'origine jusqu'à 1870 incl.), et se vend au prix de 333 fr. 50.

On peut se procurer *séparément,* au prix de 10 fr., la table des années 1814 à 1830, et, au prix de 3 fr. 50, celle des années 1860 à 1870.

Le Passe-Temps. Littérature et théâtre. Bureaux : 59, rue de la Montagne, à Bruxelles.

Ce journal, fondé en 1871, paraît trois fois par semaine, en numéros de 8 pages in-4°. Prix de l'abonn. : 10 fr. par an.

Le Pays financier belge. Journal industriel et commercial, paraissant le lundi. Bruxelles, P. Rossel, 59, rue de la Montagne.

Paraît depuis 1870, en numéros de 8 pages in-4°.

Recueil consulaire, publié en exécution de l'arrêté royal du 13 novembre 1855. In-8°, I (1839-1855) ; II-XX (1856-1874). Bruxelles, H. Tarlier. Abonnement annuel, 8 francs.

Recueil de droit électoral. Jurisprudence. Législation. Doctrine. Par Camille Scheyven, docteur en droit, juge au tribunal civil de Bruxelles, secrétaire de la Commission de révision du code de procédure civile. In-8°, à 2 colonnes.

Ce recueil forme chaque année une livraison dont l'étendue varie suivant l'importance des matières. Seule, la première année (1869), compte deux livraisons.

Le prix de l'abonnement annuel est fixé à 2 fr. 50 c.

La collection complète du *Recueil de droit électoral* se divise comme suit :

PREMIER VOLUME. 1869. — Première livraison : 1° Exposé de jurisprudence sur le droit électoral.— 2° Texte des lois électorales. —. 3° Loi du 5 mai 1869, augmentée de l'exposé des motifs, des rapports et des discussions aux chambres législatives.

Deuxième livraison : contenant la collection complète de tous les arrêts intéressants rendus en matière électorale, depuis la mise en vigueur de la loi du 5 mai 1869 jusqu'au 26 octobre suivant, et une table analytique de ces arrêts.

1870.—Troisième livraison : 1° Dissertation sur le moment auquel il faut réunir les conditions prescrites pour être électeur. — 2° Arrêts rendus en matière électorale depuis le mois d'octobre 1869. — 3° Documents de législation et de jurisprudence étrangères. — 4° Circulaires et décisions ministérielles.— 5° Table analytique des arrêts et décisions contenus dans cette livraison. — 6° Loi du 30 mars 1870, annotée des travaux préparatoires.

1871. Quatrième livraison : 1° Jurisprudence belge en matière électorale, révision des listes de 1870. — 2° Jurisprudence étrangère. — 3° Table chronologique, alphabétique (d'après le nom des parties) et analytique de toutes les décisions publiées dans ce Recueil depuis sa fondation.— 4° Texte de la loi du 12 juin 1871. — 5° Circulaire de M. le Ministre de l'Intérieur, sur l'exécution de cette loi. — 6° Loi du 5 juillet 1871, apportant des modifications aux lois d'impôt. — 7° Dispositions légales encore en vigueur sur la formation des listes électorales. — 8° Loi du 12 juin 1861 sur la réforme électorale, annotée des travaux préparatoires. — 9° Circulaire de M. le Ministre des Finances en date du 15 juin 1871, pour l'exécution de la loi du 12 juin 1871. — 10° Règlement d'ordre de service relatif aux affaires électorales pour la cour d'appel de Bruxelles, approuvé par arrêté royal du 17 juillet 1871.

DEUXIÈME VOLUME. 1872. Cinquième livraison, contenant : 1° Jurisprudence belge en matière électorale. — Révision des listes de 1871. — 2° Loi du 18 mai 1872 (code électoral), annotée des travaux préparatoires.

1873. — Sixième livraison : I. Jurisprudence belge en matière électorale. — II. Loi du 24 mars 1873, apportant des modifications au droit de patente et d'enregistrement. — III. Table analytique de toutes les décisions publiées dans ce Recueil depuis sa fondation.

1874. — Septième livraison : Jurisprudence belge en matière électorale. — Table analytique.

La pagination de ces trois dernières livraisons (5e, 6e et 7e) se suit et sera continuée dans les deux suivantes (8e et 9e), lesquelles compléteront plus tard le deuxième volume.

Recueil général des décisions administratives et judiciaires en matière de droits d'enregistrement, de timbre, de greffe, de succession, d'hypothèque et de notariat, rédigé par plusieurs jurisconsultes et fonctionnaires. Bruxelles, H. Thiry-Van Buggenhoudt, rue d'Isabelle, 42.

La collection de ce recueil, créé en 1848, forme 27 volumes in-8· (1848-1874). Il se publie par livraisons de 48 p. Le prix de l'abonnement est de 10 francs par an.

La Rénovation universelle. Directeur : M. l'ex-chanoine Mouls ; bureaux et administration : rue du Manége, 11, à Bruxelles.

Journal hebdomadaire in-folio, fondé en 1872. Le prix de l'abonnement annuel est de 6 francs.

Revue catholique. — 1re *Série.* I-III (1843-46.) Liége, J. G. Lardinois.

2e *Série.* IV-VI (1846-49). Louvain, C. J. Fonteyn.

3e *Série.* VII-IX (1849-52). Tirlemont, P. J. Merckx.

4e *Série.* X (1852-53). Tirlemont, P. J. Merckx; XI-XII (1853-54). Louvain, P. J. Verbiest.

5e *Série.* XIII-XV (1855-57). Louvain, P. J. Verbiest.

6e *Série.* XVI-XVIII (1858-60).   Id.

7e *Série.* XIX-XXI (1861-63).   Id.

8e *Série.* XXII-XXIV (1864-66).   Id.

9e *Série.* XXV (1867.) Id., XXVI (1868). Louvain, J. E. Verbiest et sœurs.

Nouvelle série. XXVII-XXXVII (1869-74). Louvain, Ch. Peeters.

La *Revue catholique* paraît en livraisons semi-mensuelles. Le prix de l'abonnement est de 12 francs par an.

Revue de Belgique, paraissant le 15 de chaque mois. Bruxelles, C. Muquardt (Merzbach et Falk).

Fondée en 1869, cette revue a été éditée jusqu'en 1872, par v^e Parent et fils; depuis 1873, elle est publiée par la maison Muquardt. Elle paraît en livraisons mensuelles de 5 feuilles in-8°, formant 3 volumes par an. Le prix de l'abonnement est de 12 francs.

Le comité de rédaction de la *Revue de Belgique* se compose, depuis 1874, de MM. Emile de Laveleye, professeur à l'Université de Liége; le comte Goblet d'Alviella, conseiller provincial du Brabant; Ch. Potvin, homme de lettres, à Paris; J. Stecher, professeur à l'Université de Liége; Eugène Van Bemmel, professeur à l'Université de Bruxelles, et Ch. Waelbroeck, professeur à l'Université de Gand.

Revue du Nouveau Monde, paraissant deux fois par mois. Voyages, émigration, sciences, littérature, histoire, bibliographie, commerce, travaux publics. Bruxelles, Jules Combe.

Se publie depuis septembre 1874, en fascicules de 24 pages in-4° à deux colonnes. Prix de l'abonnement : 15 francs.

Revue générale. Religion, politique, histoire, économie sociale, littérature, sciences, beaux-arts, correspondance internationale. Bruxelles, M. Haenen.

La 1re série de ce recueil, publiée par le Comptoir universel d'imprimerie et de librairie, comprend 6 volumes (1865-1867); la nouvelle série, successivement éditée par Charles Lelong et M. Haenen, se compose de 20 volumes (1868-1874).

La *Revue générale* se publie en livraisons mensuelles in-8°, formant deux volumes par an. Prix de l'abonnement : 12 francs.

Aux livraisons des deux premières années de cette revue est annexé un *Bulletin bibliographique et revue critique de la librairie et de l'imprimerie belges et étrangères.*

Revue homœopathique belge, publiée par M. le docteur Martiny, faisant suite au journal du dispensaire Hahnemann, de M. le docteur Mouremans. Bruxelles, rue de la Charité, 21.

Paraît depuis le mois d'avril 1874, en livraisons mensuelles de 32 pages in-8°. Prix d'abonnement : 8 francs.

Revue industrielle de Charleroi. Charleroi, Aug. Piette.

Cette revue, qui a été fondée en 1863, paraît tous les jeudis, en numéros in-folio de 4 pages, à 3 colonnes. Le prix de l'abonnement est de 15 francs par an.

Revue universelle des mines, de la métallurgie, des travaux publics, des sciences et des arts appliqués à l'industrie, publiée sous la direction de M. Ch. De Cuyper, in-8°. Paris et Liége, Noblet et Baudry, I à XXXIV (1857-1873).

Table générale des matières de la revue universelle des mines, etc., I à XII, in-8°, 1863.

Id., I à XXVI, in-8°, 1870.

Revue de l'exposition universelle de 1867, publiée par la *Revue universelle des mines, etc.* Paris et Liége, Noblet et Baudry, 3 volumes in-8°, 1867-1869.

Le Sapeur-Pompier belge. Journal mensuel. Rédacteur-propriétaire : E. Sadée, rue du Bas-Escaut, 5, Gand, 1874, 1re année, in-8°, 2 fr. 50 par an.

Le Scalpel. Journal hebdomadaire, organe des intérêts scientifiques et professionnels de la médecine et de la pharmacie. Rédacteur : M. le docteur A. Festraerts. Bureau : Quai d'Avroy, 28, à Liége, in-4°.
Fondé en 1848. Prix d'abonnement : 5 francs.

De School. Tijdschrift voor opvoeding en onderwijs, uitgegeven door eenige onderwijzers. Gent, H. en I. Van der Poorten.
Se publie depuis le 1er juillet 1873, en numéros semi-mensuels de 8 pages in-4°, au prix de 3 fr. 25 l'an.

De nieuwe School-en Letterbode, tijdschrift aan opvoeding en onderwijs gewijd. Baarle-Hertog, Charles de Paeuw.
Cette revue a commencé à paraître en 1872. Elle se publie en livraisons mensuelles de 48 pages in-8°. Prix d'abonnement : 5 fr. 25 c. par an.

Là Semaine catholique de la Belgique. Voix du Concile et de Rome. Bruxelles, rue Saint-Jean, 26, 1868-1874, 7 années. In-8°, 4 francs par an.

La Sucrerie belge. Revue scientifique, commerciale et industrielle, organe de la Société générale des fabricants de sucre de Belgique, paraissant tous les quinze jours. Directeur : Jules Cartuyvels. Administration : P. Demarteau, imprimeur, rue St-Michel, à Liége.
Paraît depuis 1872, en fascicules semi-mensuels de 32 pages in-8°. Prix d'abonnement : 10 francs par an.

Le Teinturier pratique. Journal pour teinturiers, imprimeurs, blanchisseurs, apprêteurs, filateurs, droguistes, fabricants de papier, etc., publié le 1er et le 15 de chaque mois. Seul rédacteur : Max Singer, chimiste-industriel, ancien directeur de plusieurs établissements de teinture. Tournai, Lecomte-Bocquet, éditeur, 1872-1874, 3 années. In-8°. 15 francs par an.

Le Timbre fiscal, journal du collectionneur, rédigé par le docteur Magnus. Bruxelles, J.-B. Moens, 7, Galerie Bortier et 42, rue de Florence.

Journal fondé en 1874. Il se publie le 1er de chaque mois, en numéros de 8 pages in-8° à 2 colonnes. Prix d'abonnement : 2 francs par an.

Le Timbre-poste, journal du collectionneur. Bruxelles, J. B. Moens, 7, galerie Bortier, et 42, rue de Florence.

Ce journal, créé en 1863, paraît le 1er de chaque mois, en numéros de 8 pages in-8° à deux colonnes. Prix d'abonnement, 3 francs par an.

De Toekomst, Tijdschrift voor opvoeding en onderwijs, taal- en letterkunde, natuurlijke geschiedenis, land-en volkenkunde. Onder redactie van Frans De Cort. Elsene-bij-Brussel, 85, Gewijdenboomstraat.

Cette revue, fondée en 1857 par MM. H. Bauduin, J. Blockhuys, J. M. Dautzenberg, Pr. Van Duyse, J. F. J. Heremans, J. F. Jacobs et E. Rigaux, est rédigée depuis 1862, par M. Frans De Cort. Elle paraît en livraisons mensuelles d'au moins 48 pages in-8°. Le prix de l'abonnement annuel est de 6 francs.

La collection complète se compose de trois séries, chacune de 5 volumes; de la quatrième série, il a été publié jusqu'à ce jour 3 volumes. Le 4me est en cours de publication.

Le Touriste, organe cosmopolite des touristes et étrangers résidents, paraissant le dimanche. Directeur : M. Coffin. Bureaux : 80, rue de la Montagne, Bruxelles.

Se publie depuis 1868 en numéros hebdomadaires in-fol. Prix, 6 francs l'an.

L'Union financière, journal des intérêts financiers et industriels. Bruxelles, 17, rue Montagne-de-Sion.
Se publie depuis 1864 en cahiers hebdomadaires de 8 pages in-fol. Prix de l'abonnement annuel, 10 francs.

De Vereeniging, verschijnende den 1en en 16en van iedere maan, voor Onderwijzers en Onderwijzeressen, Bestuurders en Professors van aangenomene of bijzondere onderwijs gestichten, en van alle personen, die den vooruitgang van het onderwijs en de volksbeschaving behartigen. Gent, Koestraat, 16. 1869-1874, 6 années. In-8°. 4 fr. 50 par an.

De Vlaamsche School, tijdschrift voor kunsten, letteren, wetenschappen, oudheidkunde en kuntstnijverheid, uitgegeven door Désiré Van Spilbeeck, met de medewerking der bijzonderste nederduitsche schrijvers en kunstbeoefenaren van Holland en België. Antwerpen, A. Fontaine, kleine Driesch, 28.
Cette revue semi-mensuelle, fondée en 1855 par MM. De Geyter, Génard, Heremans, Matthyssens, Ommeganck, Van Rotterdam, Weyermans et Zetternam, rédigée depuis 1865 par M. Désiré Van Spilbeeck, se publie en livraisons de 16 pages in-4°. Le prix de l'abonnement est de 8 fr. l'an. La collection se compose aujourd'hui de 20 volumes, dont plusieurs sont épuisés.

Belgische Volks-Almanak door den echten vader Jakob Kats. Brussel, bij den schrijver, 9, Kappelleplaats. In-16.
Paraît depuis 1874.

Volksheil, tijdschrift ter bevordering der verbreiding der geregelde lichaamsoefeningen. Orgaan der Noord-en Zuidne derlandsche turners. Hoofdopsteller : N. J. Cupérus, 14, Suikerrui, Antwerpen.

Parait depuis 1873 en livraisons semi-mensuelles de 8 pages in-8°. Le prix de l'abonnement est de 5 francs.

De Werker, orgaan der Vlaamsche afdeelingen van het internationaal werkliedenverbond. Antwerpen, Ph. Coenen, Meistraat, 6.

Ce journal hebdomadaire, créé en 1869, se publie en numéros de 4 pages in-folio. Prix, 4 francs par an.

SUPPLÉMENT

ACADÉMIES, SOCIÉTÉS, ETC.

ASSOCIATION BELGE DE PHOTOGRAPHIE.
(BRUXELLES.)

Cette Société a été fondée en 1874. Son but est purement artistique et scientifique. Elle poussera au développement des progrès photographiques par des réunions périodiques, des communications, l'essai des nouveaux procédés, des expositions, et si les ressources le permettent, par la publication des faits les plus intéressants.

Elle se compose de membres effectifs, soumis à une cotisation annuelle de 20 francs et à un droit d'entrée de 10 fr. ; de membres correspondants et de membres souscripteurs, payant une cotisation annuelle de 10 fr. et enfin de membres honoraires.

La Société publie sous le titre de : *Bulletin de l'Association belge de photographie* une revue mensuelle contenant les procès-verbaux des séances, les communications faites par les membres et le résumé des travaux publiés en dehors de l'Association.

La première livraison de ce *Bulletin* a été publiée le 1er juin 1874. In-8° de 24 pages.

Les conditions de l'abonnement sont : Sans photographies, pour les non sociétaires, 12 fr. ; avec photographies, pour les non sociétaires, 25 fr.

Bureaux : 44, rue de Namur, à Bruxelles.

ASSOCIATION POUR LA FONDATION DE STATIONS EXPÉRIMENTALES EN BELGIQUE.

(GEMBLOUX.)

—

Cette Association publie un *Bulletin* in-8°, dont il a paru jusqu'à ce jour 7 fascicules. Il est rédigé par M. A. Petermann, directeur de la station agricole de Gembloux. (Bruxelles, imp. Ad. Mertens.)

ASSOCIATION POUR LA SURVEILLANCE DES CHAUDIÈRES A VAPEUR.

(BRUXELLES.)

—

Cette Association, constituée à Bruxelles, le 30 décembre 1872, a pour objet, 1° de prévenir les explosions des chaudières, 2° de faire réaliser aux membres associés le plus d'économie possible dans l'emploi de la vapeur.

Les membres ont droit à ce que chacune des chaudières pour lesquelles ils paient la cotisation, soit inspectée deux fois par an, par les ingénieurs de l'Association.

Les publications de l'Association consistent en des *Rapports annuels* et en une brochure *sur les défauts des chaudières et les incrustations*, in-8°, Bruxelles, Félix Callewaert père, 1876. Cette brochure, ornée de planches, est en vente au prix de 3 fr.

CERCLE ARTISTIQUE ET LITTÉRAIRE DE NAMUR.

—

Le *Cercle artistique et littéraire de Namur*, fondé le 11 janvier 1869, a pour but « la libre culture des arts, des sciences et des lettres, considérée au point de vue des délassements qu'elle procure. »

Pour atteindre ce but, le *Cercle* organise des soirées musicales, des conférences scientifiques et littéraires, des représentations dramatiques, des expositions de tableaux, etc.

Il se compose d'un nombre illimité de membres effectifs et de membres honoraires payant une cotisation annuelle, respectivement de 24 et de 12 francs.

Il publie depuis 1872 des *Annales*, in-8°, Namur, Paul Godenne.

CERCLE D'ARBORICULTURE DE BELGIQUE.
(GAND.)

Ce Cercle, qui a été fondé en 1864, a pour objet :

1° L'extension de l'enseignement de l'arboriculture ;

2° Le choix, la dénomination, la classification et la culture des meilleures variétés fruitières ;

3° L'examen des publications spécialement consacrées à l'arboriculture et des ouvrages qui se rattachent à cette science.

Il s'occupe, en outre, de toutes les questions qui touchent de près ou de loin aux intérêts de l'arboriculture.

Le *Cercle d'arboriculture de Belgique* se compose : a) de membres effectifs ; b) de membres associés ; c) de membres protecteurs ; d) de membres honoraires et correspondants. Les membres des trois premières catégories acquittent une annuité de 7 francs.

Le Cercle a pour organe un *Bulletin* dont il y a deux éditions, l'une en langue française, sous ce titre : *Bulletin d'arboriculture, de floriculture et de culture potagère* ; l'autre en langue flamande, portant le titre de *Tijdschrift over boomteeltkunde, bloementeelt en moeshovenierderij*. Les rédacteurs sont : MM. F. Burvenich, Éd. Pynaert, Em. Rodigas et H. J. Van Hulle, professeurs à l'École d'horticulture de l'État annexée au jardin botanique de l'Université de Gand.

La publication de chacune des éditions du *Bulletin* a commencé en 1865. La première série, de 1865 à 1871, comprend 7 volumes, la seconde en comprend aujourd'hui 5, (1872-1876).

Le *Bulletin* paraît le 1er de chaque mois en fascicules de 32 pages in-8°. Le *Tijdschrift* se publie à la même époque et dans la même forme.

COMITÉ DE SALUBRITÉ PUBLIQUE DE SAINT-JOSSE-TEN-NOODE.

—

Ce Comité, fondé en 1848, conformément aux prescriptions d'une circulaire ministérielle de l'époque, puis réorganisé en 1859, a publié à partir de ce moment un *compte rendu* annuel de ses travaux.

Ne comprenant d'abord pendant les années 1859 à 1863 qu'un résumé sommaire des investigations du Comité, il s'est augmenté à partir de 1864, d'annexes qui en ont accru l'importance.

Ainsi le cinquième compte rendu (1864-1865) renferme un *rapport sur l'agrandissement du cimetière*; le sixième (1869) donne une *statistique de l'épidémie cholérique* et un plan représentant la marche quotidienne de l'épidémie; le septième (1867-69), une statistique nosographique triennale et une statistique de l'épidémie typhique de 1869, etc.

COMITÉ DES SOIRÉES POPULAIRES DE VERVIERS (1).

—

Depuis le mois d'août 1875, le Comité publie un *Bulletin des Excursions*, en livraisons in-18° de 16 pages. Le prix de l'abonnement est de 50 centimes par an.

(1) Voir p. 30.

COMMISSION CENTRALE DES COMITÉS DE SALUBRITÉ DE L'AGGLOMÉRATION BRUXELLOISE.

Lors du projet (émis en 1862) de formation d'un Code communal uniforme pour l'agglomération bruxelloise, le *Comité de salubrité* de Saint-Josse-ten-Noode s'émut à la pensée des nombreuses lacunes qui, au point de vue de l'hygiène, existaient dans les règlementations en vigueur. Le Code une fois adopté, il devenait impossible d'espérer obtenir jamais les améliorations désirables. Il proposa aux autres Commissions de salubrité l'étude en commun de ces améliorations. De là est née la *Commission centrale* qui fut installée le 16 avril 1863.

Lorsque cette étude eût été terminée et publiée, la Commission comprit l'utilité de ces réunions qui établissaient un lien entre toutes les Commissions locales de salubrité de l'agglomération et décida de continuer ses séances qui depuis 1876 sont devenues mensuelles, et auxquelles sont appelés à prendre part les membres de la Commission médicale locale de Bruxelles et ceux des Comités de salubrité d'Anderlecht, Ixelles, Laeken, Molenbeek-Saint-Jean, Saint-Gilles, Saint-Josse-ten-Noode et Schaerbeek.

La *Commission* a publié les ouvrages suivants :

1° *Des moyens hygiéniques à introduire dans les règlements communaux, précédé d'une introduction sur l'étendue du droit des administrations communales en matière de règlementation.*

2° *Exposés sommaires des travaux de la Commission depuis son installation.* 2 brochures in-8°, Bruxelles, 1867 et 1872.

3° *Comptes rendus mensuels* des séances pendant l'année 1876.

4° *Comptes rendus mensuels* pendant l'année 1877. (En cours de publication).

COMMISSION ROYALE POUR LA PUBLICATION DES ANCIENNES LOIS ET ORDONNANCES DE LA BELGIQUE.

—

Cette Commission a été instituée par arrêté royal du 18 avril 1846.

Il est rendu compte de ses travaux dans les procès-verbaux de ses séances. La collection de ces procès-verbaux forme cinq volumes in-8°, publiés respectivement en 1848, 1852, 1860, 1862 et 1868. Le sixième volume est en cours de publication; il en a paru quatre cahiers.

Les publications de la Commission se divisent, d'après leur format, en trois séries; en voici la liste.

In-8°.

Liste chronologique des édits et ordonnances des Pays-Bas autrichiens (1700 à 1794). 3 vol. 1851, 1853, 1858.

Liste chronologique des édits et ordonnances de la principauté de Liége (974 à 1194). 3 vol. 1851, 1860, 1873.

Liste chronologique des édits et ordonnances de la principauté de Stavelot et de Malmédy (650 à 1794). 1 vol. 1852.

Liste chronologique des édits et ordonnances de l'ancien duché de Bouillon (1240 à 1795). 1 vol. 1865.

In-4°.

Coutumes des pays, duché de Luxembourg et comté de Chiny, par M. N. J. Leclercq. 2 vol. 1867-1869.

Coutumes du pays et comté de Flandre. T. I, coutumes de la ville de Gand, par A. E. Gheldolf, 1868. Quartier de Bruges, T. I et II, par L. Gilliodts-van Severen. 1874-1875.

Coutumes du pays et duché de Brabant. Quartier de Bruxelles. T. I, coutumes de la ville de Bruxelles, par A. de Cuyper. 1869. — T. II, coutumes diverses, par C. Casier. 1873. Quartier d'Anvers, par M. de Longé. 6 vol. 1870-1877. Quartier de Louvain et de Tirlemont, par C. Casier. 1874.

Coutumes de Namur et coutumes de Philippeville, par J. Grandgagnage. 2 vol. 1869-1874.

Coutumes du pays de Liége, par J. J. Raikem, L. Polain et S. Bormans. 2 vol. 1870-1873.

Coutumes du comté de Looz, de la seigneurie de Saint-Trond et du comté impérial de Reckheim, par Louis Crahay. 2 vol. 1871-1872.

Coutumes du pays et comté du Hainaut, par Ch. Faider. 2 vol. 1871-1874.

Coutumes de la ville de Maestricht, par Louis Crahay. 1 vol. 1876.

In-fol.

Recueil des ordonnances de la principauté de Liége. 3e série (1684-1794), par L. Polain. 2 vol. 1855-1860.

Id. 2e série (1507-1684), par L. Polain et S. Bormans. 3 vol. 1869, 1871 et 1872.

Recueils des ordonnances des Pays-Bas autrichiens. 3e série (1700-1794), par L. Gachard. 3 vol. 1860, 1867 et 1873.

Recueil des ordonnances de la principauté de Stavelot (648-1794), par L. Polain. 1 vol. 1864.

Recueil des ordonnances du duché de Bouillon (1240-1795), par L. Polain. 1868.

CONSCIENCE'S TAALGENOOTSCHAP.

(BLANKENBERGHE.)

Cette Association, fondée le 14 janvier 1873, a pour objet l'étude et la propagation de la langue flamande en général, et le développement moral et intellectuel de la population de Blankenberghe en particulier.

Elle publie un annuaire in-8° : *Jaarboekje van het Conscience's Taalgenootschap* renfermant des poésies, des nouvelles, etc. Le premier a paru en 1874.

DAVIDSFONDS
(LOUVAIN.)

—

Cette Société, dont le titre est un hommage rendu à la mémoire du chanoine J. B. David, de son vivant professeur à l'Université catholique de Louvain et écrivain flamand, a été fondée le 23 mai 1875, à Louvain. Elle a pour objet « de relever et de fortifier l'esprit national, dans le sens de la civilisation chrétienne; » de faire progresser l'étude et l'usage de la langue flamande par la publication d'ouvrages littéraires et scientifiques, d'instituer des concours littéraires et d'organiser des conférences publiques.

Le comité central siége à Louvain. Il y a des sections dans différentes localités du pays.

Les membres paient une cotisation annuelle de cinq francs, donnant droit aux publications de la Société.

PUBLICATIONS (8°).

1. J. Brouwers, Z. *Eerste algemeene vergadering van het Davidsfonds.*

2. Dr J. R. Snieders. *De Geuzen in de Kempen.* 2 vol. Turnhout, Brepols en Dierckx, zoon, 1875.

3. Dr P. Alberdingk Thijm. *Een blik op de aloude Vlaamsche lettervruchten.*

4. D. Claes. *Nijverheid en christendom.*

5. J. Brouwers, Z. *Het volksonderwijs in Zweden.* I.

6. Guido Gezelle. *Kerkhofblommen.* Leuven, Karel Fonteyn, 1876.

7. J. Bols. *Een reisje door Zwitserland.* Mechelen, E. J. Van Velsen, 1876.

8. Dr P. P. M. Alberdingk Thijm. *De vroolijke historie van Ph. van Marnix en zijne vrienden.* Leuven, Karel Fonteyn, 1876.

9. P. V. Bets. *De pacificatie of bevrediging van Gent.* Thienen, H. van Hoebroeck, 1877.

10. J. Brouwers, Z. *Het lager onderwijs in Zweden.* II.

11. D. Claes. *Het kind*, naar het Fransch van Mgr Dupanloup, bisschop van Orleans. Hasselt, M. Ceysens, 1877.

12. J. Plancquaert. *Over monumentale schilderkunst*, naar het Hoogduitsch van Aug. Reichensperger.

13. Kanunnik Martens. *Voordrachten*. Leuven, Gebroeders Van Linthout, 1876-1877.

14. P. P. M. Alberdingk Thijm. *Spiegel van Nederlandsche letteren*. 2 vol. Leuven, Karel Fonteyn, 1877.

PUBLICATION PÉRIODIQUE.

Depuis le 1er janvier 1877, cette Association publie une revue, intitulée : *Orgaan van het Davidsfonds. Tijdschrift voor letteren, beeldende kunsten, enz. Opgesteld door het hoofdbestuur, onder medewerking van een aantal binnen-en buitenlandsche letterkundigen*. Ch. Fonteyn, à Louvain. Prix de l'abonnement, 1 fr. 50 par an.

DE JONGE TAALVRIENDEN.
(MALINES.)

Ce Cercle composé d'étudiants catholiques des provinces d'Anvers et du Brabant, a été fondé en 1875. Il a pour but « d'inspirer à la jeunesse des écoles de la Belgique flamande, l'amour de la religion, de la langue maternelle et de la patrie. » Il publie sous le titre de *Onze Dageraad*, un recueil annuel de mélanges littéraires. (8°, Herenthals, Dumoulin.)

LANDBOUWMAATSCHAPPIJ DER PROVINCIE LIMBURG
(HASSELT.)

Cette Société agricole publie depuis 1863 un journal mensuel sous ce titre *Het Landbouwblad van Limburg*. In-8°. Prix de l'abonnement, 3 francs.

LANDBOUWMAATSCHAPPIJ VAN HET NOORDEN
(ANVERS.)

L'organe de cette Société est le journal intitulé : *Het Landbouwblad der provincie Antwerpen*, qui paraît depuis 1862 en
livraisons mensuelles d'une feuille d'impression. Prix de
l'abonnement : 3 fr. par an.

LANDBOUWMAATSCHAPPIJ VAN OOSTVLAANDEREN
(GAND.)

La *Société agricole de la Flandre orientale* a pour but de
s'occuper de toutes les mesures qui peuvent intéresser l'agriculture, de travailler à la propagation des inventions et découvertes nouvelles et de concourir aux progrès de toutes les
branches de l'industrie agricole.

Elle est divisée en comices comprenant un ou plusieurs
districts agricoles et fixant chacun la cotisation annuelle de
ses membres.

La Société publie un journal hebdomadaire intitulé : *De
Akkerbouw* (Gand, E. et S. Gyselynck), rédigé par M. L. Tyd-
gadt, et un annuaire : *Landbouwers-Almanak.*

LETTERKUNDIGE VEREENIGING JAN FRANS WILLEMS.
(ANVERS.)

Ce Cercle formant la section littéraire de la Société *Het
Vlaamsche Volk* publie, depuis 1876, un annuaire sous le
titre de *Jaarboek der letterkundige vereeniging Jan Frans
Willems.* (In-8°, Anvers, L. de Cort.)

OBSERVATOIRE ROYAL DE BRUXELLES.

L'arrêté royal ordonnant la création de l'Observatoire de Bruxelles date du 8 juin 1826, mais le directeur ne put prendre possession des bâtiments qu'en 1833. C'est à cette époque que commencèrent les observations régulières.

Les travaux de l'Observatoire se divisent en deux branches distinctes : l'astronomie et la météorologie.

L'astronomie comprend les observations aux instruments fixes et aux instruments mobiles, la réduction de ces observations, leur publication, les calculs de l'*Annuaire* et, en général, tout ce qui se rattache à l'étude du ciel dans les limites des moyens dont l'établissement dispose.

La météorologie embrasse l'observation des instruments météorologiques et magnétiques, la rédaction et la publication des observations tant automatiques que directes, la vérification des instruments météorologiques, l'inspection des stations secondaires, la publication des bulletins relatifs à l'état du temps et, en général, tout ce qui se rattache aux études de météorologie et de magnétisme terrestre.

Les divers travaux exécutés jusqu'ici dans ces deux branches ont donné lieu aux publications suivantes :

1) Annales de l'Observatoire royal de Bruxelles, tomes 1 à 25. Bruxelles, 1834-1877 ; 25 vol. in-4°.

2) Annales météorologiques de l'Observatoire royal de Bruxelles, 1re à 11e année. Bruxelles, 1867-1877 ; 11 vol. in-4°.

3) Observations météorologiques faites aux stations internationales de la Belgique et des Pays-Bas, 1re année, 1877. Bruxelles, 1877 ; vol. in-4°.

4) Bulletin météorologique (autographié). Paraît chaque jour depuis le 25 septembre 1876.

5) Annuaire de l'Observatoire royal de Bruxelles, 1re à 44e année. Bruxelles, 1834-1877 ; 44 vol. in-18.

6) Almanach séculaire de l'Observatoire royal de Bruxelles. Bruxelles, 1854 ; vol. in-18.

7) Catalogue des livres de la bibliothèque de l'Observatoire royal de Bruxelles. Bruxelles, 1847; vol. in-8°.

8) Sur le climat de la Belgique. Bruxelles, 1849-1857; 2 vol. in-4°. (Cet ouvrage a paru d'abord par parties séparées dans les *Annales*.)

9) Sur la physique du globe. Bruxelles, 1861; vol. in-4°. (Cet ouvrage forme le tome XIII des *Annales*.)

10) Météorologie de la Belgique comparée à celle du globe. Bruxelles, 1867; vol. grand in-8°.

11) Histoire des sciences mathématiques et physiques chez les Belges. Bruxelles, 1864; vol. grand in-8°.

12) Sciences mathématiques et physiques, chez les Belges, au commencement du XIXe siècle. Bruxelles, 1866; volume grand in-8°.

13) Physique sociale ou Essai sur le développement des facultés de l'homme. 2e édition. Bruxelles, 1868 et 1869; 2 vol. grand in-8".

14) Anthropométrie ou mesure des différentes facultés de l'homme. Bruxelles, 1870; vol. grand in-8".

15) Documents relatifs à l'organisation du service météorologique dans les principaux pays de l'Europe. (Bruxelles, 1876); broch. in-8".

16) Instructions pour les stations météorologiques belges. (Bruxelles, 1877); broch. in-8°.

SOCIÉTÉ AGRICOLE DE LA PROVINCE
DE LUXEMBOURG.

(ARLON.)

Cette Société publie, depuis 1860, un journal semi-mensuel intitulé : *Le Luxembourgeois*. Arlon, Poncin. In-8°. 5 francs par an.

SOCIÉTÉ BELGE DE GÉOGRAPHIE
(BRUXELLES.)

Cette Société, fondée à Bruxelles le 27 août 1876, a pour but :

1° En général, de concourir aux progrès et à la propagation des sciences géographiques;

2° De répandre, autant dans un intérêt commercial que dans un intérêt scientifique, des notions complètes sur la Belgique et des renseignements exacts sur les pays étrangers;

3° De favoriser en Belgique l'esprit d'entreprise en ce qui concerne le commerce et l'établissement à l'étranger.

Elle se compose de membres effectifs, de membres honoraires (payant les uns comme les autres une cotisation annuelle de 12 fr. et un droit d'entrée de 6 fr.) et de correspondants étrangers. Le titre de membre donateur est décerné aux personnes qui payent en une fois une somme de 400 fr. au moins, ou qui s'engagent à payer régulièrement une contribution annuelle de 50 fr. au moins.

La *Société belge de géographie* publie, depuis 1877, un *Bulletin* bimensuel in-8°, contenant : *a)* les procès-verbaux de ses séances et de ses actes; *b)* des articles originaux sur toutes les branches des sciences géographiques; *c)* des traductions ou reproductions de travaux publiés à l'étranger: *d)* une chronique des faits géographiques; *e)* des articles didactiques et pédagogiques; *f)* une bibliographie géographique.

SOCIÉTÉ BELGE DE MICROSCOPIE
(BRUXELLES.)

La *Société belge de microscopie*, fondée à Bruxelles le 10 juillet 1874, a pour but : de propager le goût des études micrographiques et de concourir par ses travaux au progrès et au développement de cette branche de la science.

La Société a son siége à Bruxelles; elle se compose de membres effectifs, associés, honoraires et correspondants.

Au 1ᵉʳ mai 1877, la Société comptait 73 membres effectifs, 6 membres associés, 4 membres honoraires et 17 membres correspondants.

La cotisation annuelle est de 15 fr. pour les membres effectifs et de 5 fr. pour les membres associés.

La Société publie chaque année un volume in-8° d'*Annales*; elle fait paraître en outre, chaque mois, un *Bulletin* renfermant le compte rendu des séances.

La collection des *Annales* se compose de deux volumes (1874-75 et 1875-76); le troisième est en cours de publication. In-8°, Bruxelles, H. Manceaux.

SOCIÉTÉ CENTRALE D'ARCHITECTURE
(BRUXELLES).

Fondée à Bruxelles en décembre 1872, cette Société a pour objet la bonne entente entre les jeunes architectes. Elle donne des conférences, organise des concours, des expositions et publie, depuis 1874, un journal intitulé *l'Émulation*, en livraisons mensuelles grand in-fol., composées chacune de 4 planches et d'une feuille de texte. Deux fois par an, *l'Émulation* publie des bordereaux de prix de matériaux.

Le prix de l'abonnement est de 25 fr. par an.

Bureaux de la direction : rue Cans, 22, à Ixelles.

SOCIÉTÉ DE GÉOGRAPHIE D'ANVERS.

La *Société de géographie d'Anvers* a été créée le 1ᵉʳ octobre 1876.

Aux termes de ses statuts, elle a pour but de faire progresser les sciences géographiques et d'en propager la connaissance. Pour atteindre ce but, elle se met en relation avec les sociétés savantes, les voyageurs et les géographes, organise des conférences, ouvre des concours, publie éventuellement des travaux concernant l'objet de ses études et peut donner son appui aux entreprises qui se rattachent à sa mission.

Elle se compose de 50 membres effectifs, de 50 membres correspondants, résidant en Belgique, et d'un nombre illimité de membres correspondants étrangers et de membres adhérents.

Les membres effectifs et les membres adhérents paient une cotisation annuelle de 10 francs.

Les membres correspondants sont choisis parmi les savants qui ont fait preuve de connaissances spéciales en géographie, et les personnes dont le concours peut être utile à la Société.

Le titre de membre protecteur est décerné aux membres qui s'engagent à payer annuellement une contribution de 50 fr., ou, en une fois, la somme de 750 fr.

La Société publie un *Bulletin* et un *Recueil de mémoires*.

Il a paru jusqu'à ce jour 3 fascicules du *Bulletin* (8°, Anvers, Guill. Van Merlen.)

SOCIÉTÉ DES CONFÉRENCES DE L'ÉCOLE INDUSTRIELLE DE CHARLEROI.

Cette Société publie, depuis le 15 février 1877, un journal hebdomadaire, in-4° de 8 pages, sous ce titre : *l'Éducation populaire*. On s'abonne chez Ernest Van Holder et Cie, à Charleroi, au prix de 5 fr. l'an.

SOCIÉTÉ GÉOLOGIQUE DE BELGIQUE.

(LIÉGE.)

—

La *Société géologique de Belgique*, fondée à Liége, en janvier 1874, a pour but de propager l'étude du règne minéral, de faire connaître la constitution du sol de la Belgique, notamment dans ses rapports avec l'industrie et l'agriculture, et de concourir par tous les moyens aux progrès des sciences minérales. Elle siége à l'Université le troisième dimanche des mois de novembre à juillet, à onze heures ; pendant les vacances, elle se réunit en session extraordinaire sur un point du territoire choisi en assemblée générale. Elle forme une bibliothèque et des collections.

Elle publie annuellement un volume, sous le titre d'*Annales de la Société géologique de Belgique*, (Liége, Vaillant-Carmanne, imprimeur, in-8°, avec planches. Ce volume est divisé en trois parties : *Bulletin* des séances, *Mémoires* et *Bibliographie*, ayant chacune leur pagination. Le prix ne peut être inférieur à celui de la cotisation des membres (15 fr.) Le t. I, 1874 est complet; les t. II, 1874-1875, et III, 1875-1876 seront terminés incessamment. Le t. IV, 1876-1877 sera complété au printemps de 1878.

La Société compte plus de 300 membres effectifs, des membres honoraires et des correspondants étrangers. Le président est élu pour un an et n'est pas immédiatement rééligible.

SOCIÉTÉ ROYALE D'HORTICULTURE ET D'AGRICULTURE DE TOURNAI.

—

Cette Société publie un *Bulletin* trimestriel depuis le mois de juillet 1872. Tournai, vᵉ H. Casterman. In-8°.

SOCIÉTÉ SCIENTIFIQUE DE BRUXELLES.

—

La *Société scientifique de Bruxelles,* constituée définitivement le 18 novembre 1875, sous la devise : *Nulla unquam inter fidem et rationem vera dissensio esse potest,* a pour but de favoriser, conformément à l'esprit de sa devise, l'avancement et la diffusion des sciences.

Elle se compose d'un nombre illimité de membres, belges et étrangers, et fait appel à tous ceux qui reconnaissent l'importance d'une culture scientifique sérieuse pour le bien de la société.

Elle publie chaque année : 1° un volume in-8°, intitulé : *Annales,* et renfermant les comptes rendus de ses réunions, et des mémoires scientifiques présentés par ses membres. — (Bruxelles, Hayez.)

2° La *Revue des Questions scientifiques,* recueil trimestriel formant deux volumes in-8°, d'environ 700 pages, et destiné à la vulgarisation. (Louvain, Ch. Peeters.)

La cotisation annuelle est de 15 francs, et donne droit à la réception des *Annales.* L'abonnement à la *Revue* est de 20 fr. pour le public, et de 15 francs pour les membres de la Société.

ZETTERNAMSKRING.

(GAND.)

—

Ce Cercle, fondé le 29 décembre 1871, à Gand, a pour but la défense des intérêts flamands. Il se compose de membres effectifs payant une cotisation annuelle de 6 francs, de membres honoraires et de membres correspondants.

Depuis 1873 le *Zetternamskring* (ainsi nommé en l'honneur du romancier flamand Eugène Zetternam) publie un annuaire (*Jaarboekje,* Gand, W. Rogghé, in-16), renfermant un compte rendu de ses travaux, des poésies, des nouvelles, des notices historiques, etc.

Le prix de chacun de ces annuaires est de 1 franc.

PUBLICATIONS PÉRIODIQUES.

—————

Actualité (l'). A travers le monde et l'art. Journal littéraire et artistique publiant des romans et des nouvelles, des études sur l'art et les artistes, des comptes rendus d'expositions, des articles variés, voyages, découvertes, chronique scientifique, etc.

Directeur, Camille Lemonnier. Bruxelles, bureaux, 19, rue des Minimes.

Prix de l'abonnement annuel, 10 fr.

Publication hebdomadaire, paraît depuis août 1876. (Elle a cessé en août 1877.)

Almanach du Luxembourg. Arlon, J. Bourger. In-32.
Se publie tous les ans depuis 1857.

Almanach du milicien belge (manuel du soldat), brochure in-12, renfermant les lois sur la milice et des conseils aux miliciens.

Arlon, Ponsin et Bruxelles, Office de Publicité. Prix : fr. 0,75.

Almanak (Lovensche) inhoudende de jaarmerkten en kermissen, de voorzeggingen van het weder, het werk van den hovenier, liedjes, kluchten, enz. Louvain, P. J. Verbiest. In-32.

Se publie tous les ans depuis 1823.

Ami (l') de tous. Revue hebdomadaire illustrée, rédigée par un comité d'hommes de lettres et d'ex-officiers de l'armée, sous la direction de M. L. Sentiers.

Bureaux d'abonnement : 17, boulevard Central, à Bruxelles.

Chaque livraison forme 12 pages in-4° avec planches (a cessé de paraître).

Prix de l'abonnement, 10 fr. par an.

Ami (l') des familles. Journal illustré, instructif, amusant, littéraire, scientifique et d'économie domestique. Paraissant tous les dimanches. Publiant des : Leçons diverses. — Récits historiques et biographiques. — Voyages. — Romans moraux en vogue ou inédits. — Comédies. — Causeries. — Nouvelles. — Contes. — Faits divers. — Anecdotes. — Chronique de la semaine. — Evénements remarquables. — Architecture. — Beaux-arts. — Hygiène pratique. — Médecine usuelle. — Bons conseils. — Art vétérinaire. — Economie rurale. — Statistique. — Éphémérides, etc. Rédigé par une société de professeurs et d'hommes de lettres, sous la direction de M. Victor Doublet de Villers.

Paraît depuis 1875, par nos in-4° de 12 pages, à la librairie C. Muquardt, à Bruxelles.

Prix de l'abonnement annuel, 8 fr.

Analectes pour servir à l'histoire ecclésiastique de la Belgique, publiées par Edm. Reusens, professeur à la faculté de théologie et bibliothécaire de l'Université catholique de Louvain, et J. Barbier, curé à Liernu (Namur).

Ce recueil paraît par livraisons trimestrielles et forme annuellement un volume in-8° de 500 pages environ.

Le prix de l'abonnement pour la Belgique est de 6 francs par an.

On s'abonne chez l'éditeur, M. Ch. Peeters, libraire, à Louvain.

La première livraison de cette publication a paru en 1863.

Annales de l'imprimerie et des arts et professions qui s'y rattachent. Bruxelles, Félix Callewaert, père, 26, rue de l'Industrie.

Revue mensuelle paraissant par fascicules de 8 pages grand in-4°. Abonnement : 6 fr. par an.

Annales des travaux publics de Belgique. Documents scientifiques, industriels ou administratifs, concernant l'art des constructions, les voies de communication et l'industrie minérale. Bruxelles, Van Dooren, 1843-1871, in-8°; depuis 1872, Callewaert. T. I-XXXII.

Cette publication a été fondée par arrêté royal du 8 novembre 1841 sur le rapport de M. L. Desmaisières, ministre des travaux publics; elle paraît par les soins d'une commission directrice nommée par le Roi.

Annales d'oculistique, fondées par Florent Cunier, continuées par MM. Hairion et Warlomont. Rédacteur en chef, directeur-gérant et éditeur : M. le docteur Warlomont, 74, avenue de la Toison-d'Or, à Bruxelles. — Six livraisons de 100 pages in-8° environ chacune, formant 2 volumes par an. Prix de l'abonnement : 18 fr.

Le tome Iᵉʳ de cette publication (in-4°, Charleroi, Alp. De Ghistelle, 1838-1839) porte ce titre : *Annales d'oculistique et de gynécologie*, publiées par Florent Cunier et M. Schoenfeld. A partir du tome II (in-8°, Bruxelles, J. B. Tircher, 1839), elle prend le titre et le format qu'elle a conservés depuis, et jusqu'au tome XXIX, Florent Cunier est seul cité comme rédacteur et directeur.

A dater de 1853 (tome XXX) les *Annales d'oculistique* sont dirigées par un comité composé de MM. Fallot, Bosch, Hairion, Van Roosbroeck et Warlomont. Le nom de Van Roosbroeck disparaît du titre au tome LXI (1869), celui de Fallot, au tome LXIX (1872), enfin celui de Bosch, au tome LXXII (1875).

La collection des *Annales d'oculistique* se compose de 10 séries, dont les six premières (1838-1856) renferment chacune six tomes; la septième (1857-1858) 4 et les trois suivantes chacune 10. La 10e série, dont le 1er tome a paru en 1874, est en cours de publication.

Il a été publié en outre par Florent Cunier, 3 volumes supplémentaires in-16. Le 1er (Bruxelles, 1842) contient une *Revue ophthalmologique de la littérature médicale des années 1840 et 1841;* le 2me (Bruxelles, 1842) un mémoire de A. Guépin *sur la pupille artificielle,* et le 3me (Bruxelles, 1843) une *Revue ophthalmologique de la littérature médicale de l'année* 1842.

M. Warlomont a dressé un volume de *Tables générales* des tomes I à XXX (1838-1853.)

Annales religieuses de Bruxelles et du diocèse de Malines. Paraît depuis le 20 décembre 1874, par numéros hebdomadaires in-8º de 8 pages. Bureaux : 21, rue du Poinçon, à Bruxelles. Prix de l'abonnement : 5 fr. 50 par an.

Annuaire de l'Université catholique de Louvain. Louvain, Van Linthout, frères. In-24. Se publie depuis 1837.

Archives médicales belges. Organe du corps sanitaire de l'armée (sciences médico-chirurgicales, pharmaceutiques et vétérinaires.)

Cette publication paraît depuis 1847, par fascicules de 5 à 6 feuilles in-8º, formant par année deux volumes de 600 pages.

On s'abonne à la librairie H. Manceaux, à Bruxelles, au prix de 10 francs par an.

La première série de ce recueil portait pour titre : *Archives belges de médecine militaire,* journal des sciences médicales, pharmaceutiques et vétérinaires.

Artiste (l'). Courrier hebdomadaire artistique, littéraire, musical. Administration : 46, boulevard Central, Bruxelles; Rédaction : 18, rue Sans-Souci, à Ixelles. Rédacteur en chef: Théodore Hannon.

Cette feuille se publie depuis le 28 novembre 1875, en numéros de 8 p. in-4º. Abonnement : 10 fr. par an.

Avenir (l'). Revue pédagogique, scientifique et littéraire, paraissant le dimanche. Bureaux et rédaction : 19, rue Montagne des Aveugles, à Bruxelles.

Cette feuille hebdomadaire se publie, depuis le 16 janvier 1876, en numéros de 8 pages in-4°. Le prix de l'abonnement annuel est de 6 fr.

Belgique (la) horticole, journal des jardins, des serres et des vergers, par Charles Morren. Liége, direction générale, rue Louvroy, 15 ; Bruxelles, imprimerie De Vroom, 1871-1875. Tome 1er à XXV.

Au tome XV (1865), il prend le titre de *la Belgique horticole*, annales d'horticulture belge et étrangère, par Édouard Morren.

Belgique (la) pittoresque. — *Les châteaux*. Rédacteur Em. de Damseaux. J. Dacquin, éditeur à Mons ; lithographie H. Vasseur à Tournai. Se publie depuis 1872 par livraisons petit in-fol. le 25 de chaque mois ; chaque livraison donne 2 vues et 2 demi-feuilles de texte.

Prix de l'abonnement : 24 fr. pour la Belgique, 28 fr. pour la France.

Bulletin de l'Union syndicale de Bruxelles et des sociétés affiliées. Bruxelles, Bruylant-Christophe et Cie. Paraît depuis le 15 avril 1876.

10 cahiers in-8°, formant annuellement un volume de 320 pages au moins. Prix de l'abonnement : 5 fr. par an.

Bulletin des secrétaires communaux, par des secrétaires de l'agglomération bruxelloise. Droits et devoirs professionnels, intérêts matériels. Bureau de rédaction et d'abonnement : 172, rue de la Poste, Schaerbeek.

Se publie (depuis 1873) en livraisons mensuelles de 16 à 32 p. in-8°. Abonnement : 6 fr. par an.

Bulletin du Musée de l'industrie de Belgique. Bruxelles, Gust. Mayolez.

La publication de ce bulletin a commencé en 1841. Pendant les deux premières années il n'en a paru qu'un seul tome, mais à partir de 1843 le nombre de tomes parus annuellement est de deux. Les quarante premiers volumes (1841-1861) ont été publiés sous la direction de J.-B.-A.-M. Jobard, directeur du Musée; les seize suivants, sous celle de la commission administrative; enfin, depuis 1870 la publication a lieu par les soins de M. Eugène Gauthy, directeur du Musée royal de l'industrie et de l'École industrielle.

La collection complète du recueil se compose aujourd'hui de 70 tomes (1844-1876). Une table des matières des 16 premiers tomes a été publiée en 1850.

Le *Bulletin du Musée de l'industrie de Belgique* paraît en livraisons mensuelles de 3 à 4 feuilles in-8°, ornées de planches. 6 livraisons forment un volume.

Le prix de l'abonnement annuel est de 12 fr.

Correspondance (nouvelle) mathématique, rédigée par M. Eugène Catalan, professeur à l'Université de Liége, avec la collaboration de MM. Mansion, Lairons, Brocard, Neuberg et Ed. Lucas. (Voir p. 101.)

Publication mensuelle, par livraisons in-8°.

La 1re année, 1875, imprimée et éditée par M. H. Manceaux, à Mons, coûte 7-50.

Les années suivantes ont été éditées par M. Emile Decq, libraire à Liége, au prix de 10 fr. l'abonnement annuel.

Documents iconographiques et typographiques de la Bibliothèque royale de Belgique. (Voir p. 101.)

Sixième livraison. La légende de Saint Servais, par M. Ch. Ruelens, conservateur. 8 feuilles de texte et 24 planches sur 6 feuilles.

Écho musical (l'). Journal paraissant tous les quinze jours depuis 1868, sous la direction de M. V. C. Mahillon, au prix de 2 fr. par an. Bureaux d'abonnement : 23, chaussée d'Anvers et 31, place de Brouckere, à Bruxelles.

Flore des serres et des jardins de l'Europe, ou descriptions et figures des plantes les plus rares et les plus méritantes nouvellement introduites sur le continent ou en Angleterre et extraites notamment des *Botanical Magazine, Botanical Register, Paxton's Magazine of botany,* etc., etc., ouvrage publié en allemand, en français et en anglais, etc., rédigé par MM. Ch. Lemaire, Scheidweiler et L. Van Houtte. Gand, Louis Van Houtte, 1845. Gr. in-8°. T. I⁻ʳ.

Le titre et les noms des rédacteurs varient dans plusieurs volumes. Au tome XI (1ᵉʳ de la 2ᵉ série), le journal prend le titre de *Flore des serres et des jardins de l'Europe,* journal général d'horticulture, etc.

Gymnastique (la). Directeur : M. Eugène Defrance, 19, rue Sainte-Marguerite, à Liége.

Se publie (depuis janvier 1875) en livraisons mensuelles de 16 pages in-8°. Prix de l'abonnement : fr. 3,50.

Journal de procédure ou cahiers mensuels à l'usage des juges de paix, des avocats, des avoués, des notaires, des greffiers et des huissiers, contenant des documents et des solutions sur des questions de compétence, de procédure et de taxe, en matière civile, commerciale, criminelle, correctionnelle et de simple police, ainsi que sur des questions concernant les priviléges et les hypothèques, par une réunion de magistrats, d'avocats, d'avoués et d'officiers ministériels.

Bruxelles, Ferdinand Larcier. Livraisons de 32 p. in-8°.

La 1ʳᵉ série de ce recueil se compose de 28 volumes (1848-1875).

Journal des sciences médicales de Louvain, fondé par les professeurs de médecine de l'Université catholique, le 1ᵉʳ janvier 1876.

Revue mensuelle, paraissant par nos in-8° de 48 pages, au prix de 10 francs par an, pour la Belgique.

On s'abonne chez M. Ch. Peeters, impr.-édit., à Louvain.

Jurisprudence des tribunaux de première instance en matière civile, commerciale et correctionnelle, de justice de paix et de simple police, mise en rapport avec la jurisprudence des arrêts et la doctrine.

Revue mensuelle, paraissant depuis juillet 1851 par liv. gr. in-8°, chez M. L. Grandmont-Donders, libraire à Liége.

Prix de l'abonnement annuel : 15 fr.

Jurisprudence du port d'Anvers et des autres villes commerciales et industrielles de la Belgique.

Paraît depuis 1855, par liv. in-8°, chez M. J. Plasky, imp. édit. à Anvers.

Prix de l'abonnement annuel : pour Anvers 16 fr., pour la province 17 fr.

Lancette belge (la). Journal de médecine et d'hygiène, publié sous la direction du docteur J. Z. F. Vauthier.

Paraissant depuis le 17 novembre 1877, par nos hebdomadaires in-4° de 8 pages.

Prix de l'abonnement annuel, 10 fr. Administration, 6, rue Brogniez, à Bruxelles.

Médecin (le) des familles et des maisons d'éducation. Recueil bi-mensuel ayant en vue les intérêts des familles et des maisons d'éducation. Directeur-fondateur : docteur Ernest Lambert.

Paraît par livraisons in-8° de 12 pages.

On s'abonne : 4, rue du Pépin, à Bruxelles. Le 1er numéro a paru le 1er avril 1877.

Mémorial (le). Revue des intérêts religieux. — Législation canonique et civile de l'Église. — Conseils de fabrique. — Bu-

reaux de bienfaisance. —Hospices. —Charité.— Instruction.
— Histoire de l'Église. — Archéologie. — Missions.—Documents. — Luttes et discussions modernes. — Biographies. —
Bibliographie. — Événements historiques.

Rédaction : M. Léon Collinet, avocat, à Liége.

Publication mensuelle, paraissant en livraisons in-8° de
40 pages. On s'abonne, chez Mᵐᵉ Vᵉ Verhoven, imprimeur-éditeur, à Liége, au prix de 6 francs par an.

Paraît depuis 1873.

Moniteur (le) du notariat et de l'enregistrement, journal de
jurisprudence et de législation belge et étrangère. Bruxelles,
imp. J. Sannes, par numéro.

Publication hebdomadaire, fondée en 1847.

Le prix de l'abonnement est de 15 francs par an.

Musée du jeune âge, journal illustré, publié sous la direction
de Mˡˡᵉ Marceline Lagarde.

Publication bi-mensuelle, paraissant depuis le 15 janvier
1875, par livraisons in-4° de 8 pages, au prix de 4 francs par
an.

Aux bureaux de l'*Illustration Européenne*, 1, chaussée de
Louvain, à Bruxelles.

Précis historiques. Mélanges religieux, littéraires et scientifiques. Bruxelles, Alfred Vromant, 3, rue de la Chapelle.

Cette revue, fondée en 1852, paraît tous les mois par
livraisons de 64 p. in-8°. Le prix est de 5 fr. par an, plus les
frais de poste et de recouvrement.

La première série (1852-1871), se composant de 20 volumes,
est en vente au prix de 150 francs. La *table des matières* de ces
20 volumes se vend à part au prix de 5 francs.

Recueil de sermons populaires inédits, homélies, prônes, panégyriques, instructions, plans de sermons pour toutes les

circonstances, publié sous la direction d'un comité d'ecclésiastiques.

Paraît tous les deux mois depuis le 1er janvier 1875, par
liv. in-8º de 100 pages environ, à la librairie H. Goemaere, à
Bruxelles, au prix de 6 fr. par an.

Recueil des rapports des secrétaires de légation de Belgique,
publié par H. Tarlier, d'après les documents fournis par le
département des affaires étrangères. Bruxelles, H. Tarlier,
In-8º.

Le tome Ier de ce recueil a été publié en 1872; le tome II
est en cours de publication. Le prix de l'abonnement est de
4 francs.

Recueil des restes de notre art national. Voir : Verzameling
der overblijfsels onzer nationale kunst van de XIe tot de XVIIIe
eeuw, p. 155.

*Répertoire de thérapeutique dosimétrique basée sur la physio-
logie et l'expérimentation clinique*, par le docteur Burggraeve,
professeur émérite de l'Université de Gand, etc., avec la collaboration libre de tous les médecins.

Journal bi-mensuel, paraissant depuis le 1er janvier 1872,
par livraisons gr. in-8º de 16 pages.

Prix de l'abonnement annuel : 5 francs.

On s'abonne chez l'auteur, à Gand, rue Neuve Saint-
Pierre, 27.

Revue (la) agricole, horticole et commerciale, paraissant le
dernier dimanche de chaque mois. Éditeur : Aimé Tricot, à
Écaussines. Par an, fr. 1-50.

Revue de droit international et de législation comparée,
organe de l'institut de droit international, publié par MM. T.-
M.-C. Asser, avocat et professeur de droit à Amsterdam,
G. Rolin-Jacquemyns, docteur en droit et en sciences politi-

ques et administratives à Gand, rédacteur en chef et directeur-gérant, J. Westlake, barrister at law, Q. C. Lincoln's Inn, à Londres, avec la collaboration de plusieurs jurisconsultes et hommes d'État.

Cette revue paraît depuis 1869 par liv. trimestrielles de huit à douze feuilles d'impression, formant à la fin de l'année un volume in-8° de plus de 600 pages.

Édité par MM. Bruylant-Christophe et Cie, imprimeurs-libraires, à Bruxelles.

Prix de l'abonnement annuel : 12 francs.

Revue de l'horticulture belge et étrangère. Recueil mensuel illustré, rédigé et publié par MM. Fr. Burvenich, O. de Kerchove de Denterghem, Ed. Pynaert, Em. Rodigas, Aug. Van Geert fils et H.-J. Van Hulle, paraissant le 1er de chaque mois, par liv. gr. in-8° de 24 pages, avec planches coloriées.

Bureaux d'abonnement, chez M. Ed. Pynaert, 142, rue de Bruxelles à Gand.

Prix de l'abonnement annuel : 10 francs.

Le 1er numéro a paru le 1er mars 1875.

Revue de l'instruction publique, supérieure et moyenne en Belgique, publiée sous la direction de MM. T. Gantrelle, L. Roersch et A. Wagener.

Ce recueil paraît tous les deux mois depuis 1858, par liv. in-8° de 80 pages.

On s'abonne chez M. Eug. Vanderhaeghen, imp.-éditeur, à Gand, au prix de 6 francs par an.

Revue des bières, des vins et des alcools. Organe officiel de l'association générale des brasseurs belges. Directeur : J.-P. Roux-Matignon ; bureaux : rue Montagne de Sion, 17, à Bruxelles.

Journal hebdomadaire fondé en 1874. Prix de l'abonnement : 10 francs par an.

La Revue nouvelle et le Renseignement réunis. Bruxelles, 22, rue Fossé-aux-Loups. In-folio.

Paraissant tous les dix jours, depuis 1872.

Stem (de) der Vlaamsche landbouwers. Thielt, Edm. Horta-Herreboudt.

Journal hebdomadaire, créé en 1858. Prix d'abonnement : 3 francs l'an.

Verzameling der overblijfsels onzer nationale kunst van de xie *tot de* xviiie *eeuw,* door Ed. Colinet.—*Recueil des restes de notre art national du* xie *au* xviiie *siècle,* par Ed. Colinet. Bruxelles, Aug. Van der Molen et Cie, rue Cantersteen, 1.

Ce recueil de planches in-fol. (lithographies, chromolithographies, photolithographies, héliogravures), avec texte explicatif en flamand et en français, se publie, depuis 1873, en livraisons, à des époques indéterminées. 12 livraisons forment un volume. Le premier volume paru se compose de 70 planches; le second est en cours de publication.

Le prix de la souscription au volume est de 30 fr.

Vlaamsche Vlagge (de). Tijdschrift voor het Vlaamsche studentenvolk. Bruges, Modeste Delplace.

Il paraît de cette revue 3 livraisons par an formant un vol. de 128 pages in-8°. Le prix de l'abonnement est de 1 fr.

Les deux premières années (1875-1876) sont de format in-16, et portent ce titre : *De Vlaamsche Vlag*. Viermaandelijksch tijdschrift voor de leerende jeugd van Vlaanderen, uitgegeven onder de bescherming van Sinte-Luitgaarde, patronesse der Vlaamsche taal en letterkunde.

Week (de Godsdienstige) van Vlaanderen, onder de bescherming van den H. Joseph. Gand, J. et H. Van der Schelden. In-4°.

Journal hebdomadaire fondé en 1869. Prix de l'abonnement : 4 francs.

FIN

TABLE

—

8

HYGIÈNE ET SAUVETAGE

POUR LA FEMME, POUR LA FAMILLE ET POUR LA SOCIÉTÉ

PAR Mme A. M. J. DE B.

In-8°, 167 pages. — Prix : 3 fr.

TRAITÉ

DE

MÉDECINE LÉGALE

ET DE

JURISPRUDENCE DE LA MÉDECINE

PAR

A. DAMBRE

Prix : 8,00.

DE

L'ABUS DES SPIRITUEUX

MALADIES DES BUVEURS

PAR

M. LE DOCTEUR HIPP. BARELLA

Prix : 3,00.

www.ingramcontent.com/pod-product-compliance
Lightning Source LLC
Chambersburg PA
CBHW070752290326
41931CB00011BA/1982